How to Attract Good luck

「幸運の人」になる技術

A.H.Z.カー
A.H.Z.CARR
松尾恭子◎訳

SEIKO SHOBO

「幸運の人」になる技術

はじめに

▼幸運の人になる技術とは

本書のタイトルを見た瞬間、まさか、と思う方もいるでしょう。「だって、自分で自分の運を良くする技術なんて、ありっこないでしょ?」と。疑いたくなる気持ちは、よく分かります。なにしろ、こと運というものに関しては、ずいぶんナンセンスな意見が交わされてきましたから。〝運〟と聞くと、無邪気な迷信——うさぎの足や四つ葉のクローバー、占い師の予言など——を思い浮かべる人も多いでしょう。

なかには、「運なんてものは存在しないよ」とか「運なんて信じられないわ」とか「出来事には、それを引き起こす原因というものがあるんだ——それなのに運がなんだというんだい?」なんてことまで言う人もいます。

でも、運は確かに存在します。だからどうか、運という概念を冷ややかに笑ったりしないでください。そしてここで正しく知ってください。運とは、人間一人ひとりの人生を決定づけるたえまない力なのだということを。

実は、多くの人が、そのことを無意識のうちに理解しています。ある人が一か八かの事業に乗り出そうというとき、友人たちに「幸運を祈ってくれよ」と言います。昔から人はこのような言葉を口にしてきました。〝happiness（幸福）〟という言葉が、運を意味する古語〝hap〟から生まれたということは、意味深いことです。そして旧約聖書の言葉が思い出されます。「足の速い者が競走に勝つとはかぎらない。強い者が戦いに勝つとはかぎらない……時と運はみなに与えられるのだから」

現代人は、いにしえの人々のようには運に心を寄せません。皮肉なことです。運は、さまざまな出逢いや巡り合わせから生まれます。だから、世界の人口が増加し、コミュニケーションや移動の手段がどんどん高速化する現代は、さらに運に満ちた世界となっています。シリンダー内でガスを圧縮すると、分子と分子が衝突する頻度が高くなるのと同じで、より多くの人が住み、より早く動くようになった今、より多くの出逢いや巡り合わせが生まれており、そしてそこから、より多彩な運が生まれているのです。

そして私たちはその運を自分で良くすることができます。つまり、幸運の人になることができるのです。

ではその技術とは？　今、現代心理学の見地から——魔法や迷信、黒猫、馬蹄、ジプシーの茶殻占いとは無縁の——新鮮で論理的なアプローチが始まっています。運を研究することは、非科学的なことではありません。そして運の良い人になれるかどうかは、心の持ちようひとつです。私たちは、心の状態を変化させることで、運を良くしてゆくことができます。だからこそ本書は、私たち一人ひとりがどのようにして心を変化させてゆけばよいのか、そしてどのようにして運を良くしてゆくことができるのかを、お教えするのです。

国も職業もさまざまの何百という方々から、幸運な、または不運な実話を寄せていただきました。これらは例証として本書に収められています。すべての方々をここで紹介することはできませんが、関心を持ち、協力してくださったことに、心よりお礼申し上げたい。とくに、多忙ななか時間を割き、筆を執ってくださった名士――マルヴィナ・トンプソン女史、ウィンストン・チャーチル氏、ポール・ダグラス上院議員、そしてジェラード・B・ランバート、ネーサン・ミルスタイン、エドワード・A・ウィルソン、フランシス・カマーツ諸氏に、深く感謝いたします。そして、適切な助言を与え、かけがえのない支えとなってくれた妻、アン・キングスベリー・カーへ。

A《アルバート》・H・Z《ゾロトコフ》・カー

マサチューセッツ州　トルーロにて

装幀▼フロッグキングスタジオ

「幸運の人」になる技術▼目次

はじめに

第I章 好ましいチャンスを引き寄せる

運とは何か

生きた心で運に身をさらす

望みとチャンス

能力とチャンス

チャンスを判断する

プライドではなく、自尊心を持とう

直感力でチャンスに迫る

第III章 チャンスに反応する

チャンスに反応する力

エネルギーのある心

本書は一九五二年に米国で刊行されたHOW TO ATTRACT GOOD LUCKの翻訳書です。
同書は著者A・H・Z・カー氏が一九七一年に逝去後も多くの読者に愛読されており、
米国出版界では「自己啓発書の宝石」との異名をとる驚異的なロングセラーとなっています。
とりわけ実業界、金融界で成功をおさめた名士の多くが読者として名をつらね、
経営者であり、また心理学の権威としても著名なエドウィン・A・ロック氏は、
「わたしが知るなかで最も読むに値し、そのくせ興味深く、示唆に富む有益な書である」
との賛辞を送っています。

第Ⅰ章

好ましいチャンスを引き寄せる

己の運を生かす方法を知らぬ者は、
運が去ってしまっても不平を口にする資格はない。
——— セルヴァンテス

運とは何か

▼チャンスに反応する力

まず初めに、私たちには基本として認識しておかなければならないことがある。それは〈運〉と〈チャンス〉の違いである――この二つの言葉はたいへん似通っていて、混用されることも多いのだが、同じものと考えてはならない。

〈チャンス〉とは「物事を引き起こす、不明または特定できない原因で、予測することも不可能」と辞書は定義する。分かりやすく言うなら、世の中でたえず発生している予測不可能な無数の現象、これがチャンスである。大事か小事かは問題ではない。南太平洋に浮かぶ島で火山が大噴火し、家々の軒から軒へあてどもなくツバメが飛び――さざなみが立ち、雲が流れる。こんな、私たちには予測できないありとあらゆる現象が、チャンスのカテゴリーに入る。

私たちはこうしたチャンスを日々、五感で感じている。しかしそのほとんどを気に留めることとはない。それらは日常のなかの些細な出来事――自分にとっては意味がなく、直接には関係のないことだからだ。でも、ふとしたとき、あるチャンスが心に触れてくることがあるだろう。そしてそのとき、そのチャンスは私たち自身にとって意味を持つものとなる。なぜなら、人間の感情にチャンスが作用した瞬間、〈チャンス〉から〈運〉が生まれるからだ。

このたいへん重要な変化を明らかにするために、ひとつ例を挙げてみよう。

私たちは道を歩いている。風が吹き、遠くのほうで、一片の紙きれがひらひらと舞った。私たちはその現象を視覚でとらえつつ、頭では他のことを考えながら通り過ぎる。その紙きれは、単に自然の力に動かされたのであり、私たちの気には留まらない。たまたま目の前で起こった現象、日常を送るなかで誰もが出会う数知れない瑣末な偶然の出来事――つまり予測不可能な〈チャンス〉のひとつだからだ。

しかし、である。もしも、ひらひらと飛ぶ紙きれを目で追い、足を止めて見たところ、それがお金――十ドル紙幣だったとしたら。このチャンスはたちまち新しい性質を帯びる。私たちの心を動かし、感情を高め、ここちよい満足を与えてくれる。私たちに関わりのないことでなく、関わりのあることとなる。〈チャンス〉から〈運〉が生まれたのだ！

こうして見ると、運とは、私たちの生活に生まれるチャンスの効果と言える。しかし、ここが肝心なのだが、チャンスひとつで運が生み出されるわけではない。運を生むためにはもうひとつの要素――「私たち自身」が必要だ。私たちがチャンスに〝反応〟することで初めて運のハーモニーは生まれる。私たちの心構えと行動に大きく掛かっている。私たちは、一片の紙切れに注目し、足を止めて手で拾いあげることで初めて、チャンスとともに去りゆこうとしていた運を見いだすのである。

チャンスと反応。これが私たち一人ひとりの人生の模様を織りなしてゆく。私たち――さまざまな物事を感受しながら、望み、考え、行動する複雑な有機体――は、持って生まれた〝資質〟や人生の経験を、心に触れてきたチャンスにそそぎ込みながら運を形作ってゆく。

具体的に話してみよう。

ひとりの子供にある楽器――例えばトランペットをあたえたところ、その子供はお遊び程度にプープー吹いたなり放り出してしまった。さて、そのトランペットはひょんなことから別の子供の手にわたる。今度の子供は敏感に反応し、練習し、たいへん上手に吹けるようになり、そこに喜びを見いだした。そして聴く人の心をも震わす――ルイ・アームストロングやハリー・ジェームズのような偉大な奏者となった。後者の子供は幸運である。というのも、トランペットを手にしたというチャンスと、その天性の才とが相まって、彼に新たな喜びを生み出したからである。

もちろん、トランペットという〈チャンス〉から〈幸運〉が生まれたのは、子供がトランペットを吹く技術を会得するだけの才能に恵まれていたからだ。でも、そもそも子供がトランペットを手にしていなかったなら、その秘められた才能も開花することはなかったろう。またトランペットを手にしたのが子供時代だったというのも幸運である。奏者を夢み、そして挫折した人々の多くが、もっと幼いころに楽器を手にして学んでいたならと嘆くのだから。

この理論――チャンスが、健康や愛、名声、生活水準への私たちの望みを叶える助けとなるということ――を、人生のあらゆる場面で生かさなければならない。深遠な運――真の幸福が、酒に酔って浮かれているときの幸福とは別のものであるように、深遠な運は、競馬で大もうけするといった類いの運とは性格が異なる――は、チャンスのみが生み出すものでも、私たちが独自に生み出すものでもなく、両者で共に生み出すものである。そして、チャンスにうまく反応できるように私たちが心するならば、人生の価値ある運を生む可能性はぐんと高まるだろう。

さあここで私たちは本書のテーマに到達した。それは、「来るべき人生のチャンスに備え日頃から心しておけば幸運の人となれる」ということだ。運というものを初めて哲学的に捉えた人であるシェイクスピアはこう書き残している。

「備えよ。たとえ今ではなくとも、チャンスはいつかやって来るのだから」

奥深い言葉である。幸運な人生となるか、不運な人生となるか。それを決定づけるのは、チャンスに備えようとする心の働きなのだ。

▼なぜ不運な人が存在するのか

私たちは運を生み出すことができる。実際の経験から言ってもこれに疑問の余地はない。チャンスに反応する私たちの力が運に影響するのである。そしてこれが紛れもない事実であるなら、私たちは自身の運にある程度の責任を持たなければならないことになるだろう。

身の不運をかこつ人は多い。しかし私たちに運への責任があるのなら、この人々の感情は正当化できないことになる。

人が、「自分の人生は虐げられている」と感じるとき、そこにもっともな理由が存在する場合も確かにある。ご存知のとおり、飛行機の墜落、列車事故、愛する人の不慮の死、株式相場の大暴落による財産の喪失、そして火事や地震、洪水、疫病、戦争といった破滅的な事象は、いつも突然に襲いかかってくる。ほとんど予測のつかない不可抗力だから、ひとたまりもなく、自分なりにただただ受け入れるしかないものだ。これは、既成の運である。

既成の不運に襲われた人が身の不運を嘆くのはもっともなことだ。しかし、自分を不運だと嘆く人すべてが既成の不運に見舞われているわけではない。実のところ、大半はそうではない。多くの人々の間に不運が広がっているのには、もっと日常的なわけがある。心理学者の指摘するところでは、不運な人はたいてい、精神的、情緒的に不安定であるという。そしてこの心理的不安定（これはほとんど誰もがある程度見せるもの）のため、人生のチャンスにうまく反応できないのだ、と。

さて、もしそうであるなら、つまり、不運の理由を辿ればたいてい心の不安定に行き着くのだとすれば、誰だってその気になれば不運な状況を変えることができると言える。実際、皆が不運を嘆いているとき、同じように不運を抱えながらも、心の不安定の原因である自分の性格の欠点や未熟さ、日々の生活のなかの歪みを上手に見つけ、心の安定した、幸運に満ちた人として動き始めることのできる人がいる。望みのない不運の淵などないのだ。

私は気休めを言っているのではない。いつも私たちの心には幸運の人となる可能性が潜んでいる。これを〈**潜在運**〉と呼ぼう。この潜在運は心の状態を反映する。だからこれから本書が示すような心の努力で、私たちは潜在運を強くすることができるのである。

▼不運な流れを変える

不運に見舞われた人は今すぐ心に銘じてほしい。人生にどんな不運がやって来たとしても、あなたがその気になれば、運はいつでも変わりうるということを。不運がいつまでも延々と続くなどということはない。私たちはときに、闇のような夜にも朝は必ず訪れるさと、互いに心を慰めあうではないか。そう、自然の摂理を知っているではないか。

人生のチャンスは沈滞しない。遅かれ早かれチャンスはやって来るだろう。だから注意を怠ることなく心を備えていること。そして、人々の人生の記録を眺めれば分かるとおり、私たちがそのチャンスをしっかりとつかむなら、不運な流れは変わって、私たちは幸せな場所へと運ばれてゆく。

その良い例証がある。これは、ペンシルベニア州ピッツバーグで穏やかに暮らしていた中流家庭の三十四歳の主婦の実話だ。主婦はあるとき突然、衝撃的な四つの不運に見舞われる。まず夫が事故で死亡する。あとに二人の幼い子が残されたのだが、その後すぐ、子供の一人が、女の子であるが、熱したベーコンの脂で顔に火傷《やけど》を負ってしまう。おそらく一生痕《あと》が残ると医者に告げられたときには、胸が張り裂けてしまいそうだった。それに引き続き今度は、勤めていた小売店が倒産。夫は小額ながら生命保険を残していたが、最後の保険料を送金しそこねていたことが判明、そのため保険会社は保険金の支払いを見合わせた。

たび重なる不幸で婦人は目の前が真っ暗になった。しかし、この逆境から脱け出せないものかと考えに考え、そして保険金を手にするためにもうひと押ししてみようと決心する。それまでは保険会社の下っ端ばかりに掛け合っていた。一度マネージャーとの直談判を試みたが、受付係は取り澄ましてマネージャーはいないと言い、会わせてはくれなかった。ところが今回オフィスを訪ねてみると、受付係がデスクから離れていた。願ってもないチャンスである。婦人はためらうことなくオフィスの奥へ入っていった。するとマネージャーらしき人物が一人で部屋にいた。マネージャーが丁寧に迎え入れてくれたため婦人は心を強くし、できるだけ冷静に問題を訴えた。彼は婦人の資料を持ってこさせ、それに目を通した。そして婦人の置かれている状況を把握すると、これは契約うんぬんではなく道義上の問題だとし、会社は保険金を支払う義務があると判断した。そしてその後ただちに、しかるべく取り計らったのである。

このひとつのチャンスから生まれた幸運話にはまだ続きがある。独身だったマネージャーと若き未亡人は互いに強く惹かれあい、マネージャーは婦人の家を訪ねて行くようになる。そして数週間のうちに次のような進展がみられた。(1)マネージャー推薦の医者が子供の皮膚の手術を行ない、火傷の痕をきれいに治した。(2)マネージャーが大型百貨店の友人を通じ、以前より格段に良い働き口を婦人に見つけた。(3)マネージャーが婦人に結婚を申し込んだ。数カ月後二人は晴れて夫婦となり、それから幸せで満ち足りた結婚生活を送った。

▼幸運の人となるために

この話は、運がいかに変わりやすいものであるかを教えてくれる。そしてさらに見るべきは、婦人がチャンスに反応し、運を生み出してゆく様子である。婦人はここぞという時にとびきりの前向きな資質を発揮した。これが運を生み出す原動力となった。その資質とは、特に婦人の注意力と勇気である。婦人が、受付係が席を離れているという目の前のチャンスを迷わず掴んで大胆に応じなかったなら、幸運は現われなかったろう。

注意力と勇気は重要な資質だが、チャンスと密接な関係にあり、幸運を生み出す大切な資質というのは、ほかにも数多くある。それらは例えば賢さだとか善良さだとか、そういった美点、美徳ばかりではない。世の中を観察してみると分かるとおり、「立派な人間」が誰よりも幸運かといえば、そうでもない。清らかで汚れのない心を持ち、行ないもきわめて正しいのに、なぜだか運が悪いという人を、皆さんもご存知だろう。

また、なにか華々しい才能であっても、幸運を保証するものではない。幸運との関わりは薄いと言ってもいい。道すがら、移ろってゆく現象を眺め、そのなかからひとつ、運を結晶させる助けとなる何ものかを見つけ出す。必要なのは、そんな才能かもしれない。また、なにをやらせてもまるで駄目、失敗するように生まれついた惨めな奴、などと思われていたのに、後年になって思わぬ資質を発揮し、それによって幸運を生み、その結果、人生をガラリと変えてしまったという人も多く存在する。

シェイクスピアをこう言っている（本書は折にふれ、運を洞察したこの人物の言葉を引く）。

「運を見つめれば、人間というものが見えてくる」

人々の運を見つめれば、幸運の人となるためにとりわけ大切なのは、建設的で積極的な資質であることが分かる。まじめ、質素、勤勉といった慎ましやかな美点も、運のハーモニーに音色を添える。そして、そうした資質を最大限に活用する人に、チャンスはいつも味方する。

ここである男性を紹介したい。名はヘンリー、歳は六十。ずっと他人の下で働いてきた。だから給料もそれなりで、つましく暮らしても蓄えが三千ドルを超えることはなかった。もうじき、そのパッとしないキャリアが、パッとしないまま終わりを迎えるだろう。男性を知る者はみなそう考えていた。

ところがである。突如男性は事業に乗り出した。ありったけの貯金をはたいて賭けに出たのだ。そして三年ののち、見事に成功をおさめて富と名声を手にいれた。男性はこう語っている。

「私は本当に幸運だった。僅かでもいいからとなんとかやりくりしてお金を貯めていたところ、好機（人生を新たに創造するチャンスとでも言いましょうか）がやって来たわけです。私はそれを掴んだ。あとはとんとん拍子でした」

しかし、この男性の成功物語はそれだけでは語れない。男性の友人はこんな穿《うが》った見方をしている。

「確かにチャンスがヘンリーを助けたのです。でもいいですか、それというのも、彼がチャンスによって助けられやすいたちの人間だったからなのです。慎重な倹約家というだけではなく、ヘンリーには判断力と危険を冒す肝っ玉がありました。それに幸運な人間になるための大切な資質を他にも持っていたのです」

幸運の人となるための資質。それらが具体的に何であるのか、そしてそれらをどう開発してゆけばよいかを、これからお教えしたいと思う。もちろん、背よ高くなれと願って背を高くせよとか、無い才能を引っぱり出せとか、徳の高い人になれとか、そのようなことを求めるわけではない。もし私たちが自分自身にそんな革命を起こさなければ、運を生み出せないというのなら、運を生み出すことなどどだい無理な話だ。しかし幸い、私たちに求められるのは、誰にでも出来る、ささやかな努力である。

内に眠っている、幸運を生むひとつの資質を開発したり、不運を招く不安定な心をひとつ改めたりすることで、運は驚くほど良くなるだろう。「潜在運」が強くなるからだ。

幸運を生む資質は、大きく三つのカテゴリーに分類できる。

チャンスを〈引き寄せる〉資質

チャンスを〈認識する〉資質
そして、チャンスに〈反応する〉資質

この三つである。

〈引き寄せる資質〉——〈認識する資質〉——〈反応する資質〉。これらの資質を開発してゆこう。そして、幸運の人となろう。最後に、本書では折々、柔軟な心で自分を改革しながら、一歩一歩幸運の人になっていった人々の人生に学んでゆきたいと思っている。

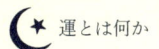

生きた心で運に身をさらす

▼運の糸

チャンスはいつも、稲妻《いなずま》の閃《ひらめ》きのようにやって来る。それでは、どうすれば、この恵みの閃光を自分に引きつけることができるだろうか？　ベンジャミン・フランクリンは、凧《たこ》に金属を付けて雷雲に向け空高く上げ、本物の稲光を捕まえたというから、彼のこの姿勢に倣《なら》うのが一番である。つまり、チャンスを引き寄せるためには、まず私たちがチャンスに身をさらさなければならない、ということだ。

〝チャンスに身をさらす〟という言い方をしたが、これは単なる暗喩《あんゆ》ではない。私たちは実際にチャンスに身をさらすのであり、多くの場合そうしてチャンスを引き寄せているのだ。そしてこの行為は、実はごく日常的なもので、私たちはしばしば無意識に行なっている。

長年にわたり何百という人々が、私にそれぞれの幸運話を語ってくれた。それらはごく普通の経験談から、不思議でほとんど信じられないような運の流転《るてん》までさまざまだった。ところがこれらの事例を分析してみたところ、その多くに、一つの共通点のあることが分かった。それは、多くの幸運の物語は、人が誰かに身をさらし、そのだれかがふと口にしたことに価値を見出し関心を寄せたところから始まっている、ということだ。

口にされることというのは、それ自体はたいてい些細《ささい》なことなのだが、条件の揃ったもとでは幸運の閃光を発する。このことを単純に示す例として、キャッツキル山地の農場主から寄せられた話を紹介しよう。

「今年の一月のこと、ある男が家にやってきました。キングストンから来たのだが、雪に車を突っ込んでしまい往生していると言うんです。そこで倅《せがれ》と一緒に出て行って、手を貸しました。話をするうち、男がキングストンに新しくオープンした雑貨店の店長だということが分かりました。そして、近いうちに店の一角に農具売場を設けるつもりだということを、ちらっと言ったのです。ちょうどそのころ倅は仕事を探していまして、これはおあつらえでした。事はうまく運びました。倅はそこで販売員として働きはじめ、今では売場を任されています」

ありがちな話？　そうかもしれない。しかしなんという幸運！　なにげないひと言が、だれかの心と結びつき、人生の新たな実りを生む。もちろん、こうした幸運も、その源はずっと奥深いものであることを知るべきだ。農場主と息子は、見ず知らずの男のために、吹雪をついて出て行った。二人がそんな人物でなかったなら、幸運は家の外を通り過ぎていただろう。しかしここではひとまず、次の事実に注目する。幸運――人生のチャンスの恩恵は、多く、人を通じてやってくる。

私たちは時々、通りすがりの人々に〝運の糸〟を投げている（運の糸という言葉は〝自身と他の人との心を結ぶ糸〟という言い回しよりずっと簡便なので、以後この言葉を使うことにする）。運の糸を投げ、人と知り合う。そして、そうして知り合った人が、私たちにチャンスをもたらす。もちろん、すべての糸がチャンスを伝えてくるわけではない。たくさんの人と言葉を交わしても、心に触れてくるようなひと言を口にする人は、十人に一人も、百人に一人もいないかもしれない。でもいつの日か、そのひと言を聞けるかもしれない。そしてそのひと言で人生が変わりうるのだ。

チャンスに身をさらすということは、この運の糸を投げるということ。つまり、多くの人々と健全な人間らしい繋がりを持つということだ。運の糸をたくさん投げれば、チャンスはもっとやって来るだろう。人の世に運の糸が張り巡らされているなら、チャンスは糸を伝って人から人へと伝わってゆくだろう。例えば、婚約している娘が、結婚相手として申し分ないと思える男性と知り合い、その男性をまだ婚約していない女友達に引き合わせるとか、仕事を持っている男が、良い仕事口があるという噂を聞きつけ、その情報を仕事を持たない隣人に教えるといった具合である。

▼幸運の使者は見知らぬ人

だれもがそう感じるように、幸せな人生に友達や家族は欠かせない。しかし、ここが面白いところなのだが、幸運を生むチャンスをもたらしてくれるのは見知らぬ人、または面識があるという程度の知り合いであることが少なくない。

これはべつに意外なことではなく、しばし足を止めて考えてみれば分かることだ。家庭であれ、職場であれ、趣味のクラブであれ、日々接触している人々との関係は閃きに欠ける。同じような顔ぶれで、同じような話を語り合うなかで、新鮮な考えや意見を耳にするのは難しい。出逢ったばかりの頃の刺激ある関係も、時を経ると、日々同じようなやり取りを繰り返す、平凡で穏やかなものとなるのであり、そのような関係から、閃光のようなひと言が飛び出すことはそうはないだろう。

そのようなひと言が飛び出すのは、私たちがだれかにふと興味を抱き、運の糸を投げたとき、つまり、人との新しい出逢いのときである。人と出逢い、言葉を交わし、その言葉に輝きを感じ、幸運が生まれる。こうした幸せな経験を持つ人なら、エドウィン・アーリントン・ロビンソンの詩の深みを感じることができると思う。

男が路をやってきた
ふと親しみを感じた
たわいない話をした
そして人生が素敵になった

〝ふと感じる親しみ〟〝たわいない話〟、ここに人生の幸運の秘密がある。民話や伝説に息づく先人の知恵は言う。「家の戸口に見知らぬ者がやってきたら、心より招き入れよ。それは不思議な幸運の使者なのかもしれないのだから」と。

ギリシャ神話のピレーモーンとバラキスは、貧しいながら、腹をすかせた二人の見知らぬ者に夕食を分け与えた。ところが後で、もてなした二人が神であったことを知る。この話には人の世のすばらしい真理が隠れている。お礼にと二人に贈られた、尽きることのないミルクの壺は、人と人との暖かな関わりから滾々と湧き出る恵みを象徴している。

もちろん、見知らぬだれもが福をもってやって来るわけではないし、皆を信用することもできない。迫りくる津波や意地悪な噂、あこぎな行商人、無垢《むく》な人々を食い物にして生きる危険な連中からは、身を守らなければならない。だから、新たな出逢いを求めて〝汲々《きゅうきゅう》〟とする必要はないだろう（これはよく、周りの世界を拒絶する人の言い訳ともなる）。

ただし、恐れた亀のように自分の甲羅に身を竦《すく》めていてはならない。それではチャンスは過ぎ去ってしまう。人生にさらなるチャンスを求めようと思うなら、恐れや無関心のために、見知らぬ人がもたらすチャンスから自らを遮断してはならないのだ。

▼生きた心――幸運への近道

見知らぬ人や昔からの知り合いに運の糸を投げるとき、その糸に魔法のような力を与えてくれるものがある。それは、〈**生きた心**〉だ。バートランド・ラッセルは、生きた心を〝幸福な人間の普遍的特性〟と呼んだ。これを、幸運な人間の普遍的特質と言いかえても、等しく真実だろう。

生きた心を生み出すのは、私たちの内に存在する、神秘をたたえた若やかな泉だ。この泉から湧き出る柔軟で溌剌《はつらつ》とした生きた心は、子供の、動物的な溢れんばかりの元気とは性格が違う。激情や興奮とも違う。それは私たちがしなやかに成長するとともに養われる心――物事の真価を解し、知的に味わう心である。

ということは、食べ物を前に舌なめずりする大食漢の欲深な心などは、生きた心とは通じない。ご存知の通り、大食漢は、ただその凄まじい食欲を満たすためだけにテーブルに向かい、むさぼり食う。味わうことも、料理人の技を解することもない。体と心の欲するままに人生をむさぼる者もまた、物事のよさを理解することも、愛でることもない。

この類の欲には主なものが二つある。一つは色欲。ドン・ファンは、数知れぬ女の体を求めつづけた男だ。そして愛し愛される深い喜びを知ることはついになかった。もう一つは名誉欲。これにとり憑かれた人は、だれよりも輝き、成功し、多くを持ち、そしてだれをも圧倒しようと憂《う》き身《み》をやつす。常に〝最高の人生〟を求めるが、真に最高の人生というものを理解することはなく、本当に最高の人生を送っている人の横で、いつも不満をくすぶらせている。こんなふうに、人生に貪欲な人の心には生きた輝きはない。

真の生きた心は、幸運への近道である。この近道を切り開くために、皆さんには、日々の生活を、世界を探検するような気持ちで送っていってほしい。生きた心の持ち主は、さまざまな出来事にときに腹を立て、心を乱す。人生が苦悩と不合理と愚かさに満ちていることも知っている。それでもやはり、人生を愛している。そして人間を愛している。人間を否定することなく、人間一人ひとりの違いを見つけて喜び、各人各様の考えに触れて嬉しく思う。人と出逢ったとき、興味は相手の個性や生き方に向けられる。おもねることなく、また、金を持っているか、自分にとって有益な人間か、などと探ることもない。人を批判ばかりして、なかなか誉めることをしない人と違い、人の行動や意見に熱心に心を寄せ、評価する。だからこうした人の投げた運の糸を人は喜んで掴む。だからこそ、心が自分の方にばかり向き、周りに無関心な人よりも、チャンスがやって来る可能性が高くなる。

私たちには、チャンスを引き寄せる妨げとなる不安な心——心の闇——を打ち消すためにも、生きた心が必要だ。不安は人と人との関係を空虚なものにしてしまう。不安な心を持つ人は、自分の人生に不幸が起こるのではないかと常に考える。そして他人の人生にも不安を感じはじめ、人に対して消極的になり、悲観的になり、しまいには悪感情を抱くようにもなる。このように不安に支配された人は、新鮮で健全な運の糸を投げることができない。幸福になれるかどうかはこの糸に大きく掛かっているというのに。そこで、不安でもやもやした気持ちを晴らす、生きた心という清涼剤が必要となる。生きた心によって私たちは、人生に逆らわず、人と共に歩むことができる。生きた心は、人間と人生を肯定する心であり、生きるということを素晴らしく思い、自分の、そして他の人々の幸福を願う心だ。

生きた心がどのようにチャンスを引き寄せるのかを、一九二〇年代の有名なラジオスポーツアナウンサー、グレアム・マクナミーの経験談で見てみよう。これは、まだラジオ放送というものが普及していなかった頃のこと。若い無名の売れない歌手として暮らしていたマクナミーはある日、陪審員として召喚を受け、ニューヨーク市の刑事裁判所へ赴いた。

休廷中、通りの向こう側のビルに掛かった看板が目に留まった。それにはただ、文字が四つだけ意味不明に並んでいた。何だろうと思い、ビルまで足を運び、看板を取り付けていた男をつかまえ聞いてみたところ、そこはラジオ放送局で、看板の文字はコードレターであるということだった。ラジオの世界のことはまるきり分からなかったが、マクナミーはひょっとすると歌手の出番もあるかもしれないと考えた。そこでさっそく小さなオフィスへ行き、マネージャーに話を持ちかけたのだが、首を振られた。にべなく断られたわけだが、マクナミーは素直に受けとめ、今度はラジオ放送の仕組みについて興味が湧いてきたので、ちょうどよい機会だからと幾つか質問をした。さて、その質問というのがなかなか気の利いたものだった。それでマネージャーはほうと思い、立ち上がり、コントロールルームへ続く扉を開いた。「ちょっと覗いてみるかい?」

マクナミーは溌溂とした生きた心で新鮮な運の糸を投げている。そしてそんな糸だったからマネージャーが掴み、チャンスが流れ出た。局内を一巡りした後、マネージャーはしばし考えてからこう言った。「君は好《よ》い声をしている、うちではもう一人アナウンサーをと思っていたところだ、どうだね、ひとつ、発声テストを受けてみないかね」

それから十分のうちにテストが行なわれ、それからまた十分のうちにマクナミーは雇われ、かくして一人のラジオアナウンサーの輝かしい人生が始まったのである。

運の種

マクナミーの例では、生きた心を持つ人――見知らぬ人――チャンス――幸運の到来、という、運のサイクルがあっという間に出来上がっている。しかし、生きた心はもっとじわじわと作用することも多い。生きた心がまず受けとるのは、一つの情報やちょっとした思いつき――運の種だ。それがぽとりと落ちて、ゆっくりと育ち、やがて花を咲かせる。

ウィンストン・チャーチルの青年時代の逸話を紹介したい。チャーチルが、極めて精力旺盛な政治家だったことは誰もが知るところだが、この人物は政治の世界に入る前からその片鱗《へんりん》を見せている。ボーア戦争が起こったとき、若き新聞記者だったチャーチルは従軍した。共に戦地へ赴いた同僚は、ジャーナリストとして歳を重ね、経験を積んだ者ばかり。そんななか、チャーチルは劇的事件や異様な出来事を次々とスクープする。同僚は皮肉な眼差《まなざ》しで彼を見ては、〝幸運野郎、チャーチル〟と呼んだ。そう、彼は幸運だった。それは彼が生きた心を持っていたからだ。そしてその心がチャンスを引き寄せる大きな力となったからだ。しかし同僚は、この事実には思い及ばなかった。

あるとき大将がチャーチルに、スクープ記事となる重大な情報を教えた。あいつは大将のお気に入りだから。皆は悔しまぎれにそう囁き合った。しかしこの幸運には、いかにもチャーチルらしい生きた心の力が働いていた。数日前のこと。仲間と馬に乗って移動していたチャーチルは、陰気に押し黙って進むボーア人の捕虜たちの列に出くわした。ちょうどそのとき目の前で、捕虜の一人が右手だけを使い、左腕にそれは器用に包帯を巻いて結わえた。チャーチルは思わず手綱《たづな》を引いて馬の歩を緩め、いったいなぜそんな芸当が出来るんだと尋ねた。すると、その怪我を負った男はそこそこの英語で、自分がドイツの生まれであること、そしてプロの手品師で、演芸場などでショーをやっていたことを語った。面白く思ったチャーチルは馬から降りて、一緒に歩きながらいろいろと男の身の上を聞いた。

この出来事の後のこと。倦怠感漂う軍隊の士気の低下を、司令官が憂えている。そんな噂をチャーチルは耳にする。そこでひらめいた。それなら名手品師による手品ショーを開いてみては？　よしと心を決め、企画を練り、そしてその前線基地においてショーは開催された。兵士たちはやんやの喝采《かっさい》――そして大将はその感謝のしるしとして、チャーチルに特ダネを掴ませたのだった。

チャンス――偶然拾った断片的な情報――つまり運の種がまず植えられた。そして機が熟し、幸運がぱっと花開いたのだ。生きた心はその肥沃《ひよく》な土壌に、無数の運の種を呼び込む。おや、と思ったことには必ず興味を寄せ、周りの世界に常に心を開いている人は、潜在運を蓄えながら生きているようなものだ。この不世出の人物の秘密は、自分の内部にではなく外の世界へ興味を向け、新たな物事に身をさらそうとする心にある。

　私たちはこの生きた心を手本としたい。そして、世の中に興味を持つよう努めたい。ニューヨーク郊外に住むあるビジネスマンはこんなふうに語っている。

「私は長年変わることなく、同じ朝の通勤電車に乗り、同じ通勤客と世間話をしていました。そんな私に、ある夜妻が、それはショックなことを言いました。妻の言葉をそのままお伝えしましょう。あなたは退屈でつまらない中年男に成り果てようとしている、新しい考えを受け入れず、人との出逢いに見向きもしない、口にすることといったらすべてがテレビの受け売り、とこんな具合です。ずいぶん傲慢《ごうまん》な人間になったとも言われましたが、これが一番胸に堪《こた》えました。銀行家となら好んでつまらない話をし、わくわくする話が聞けるとしても、相手が浮浪者なら口も利かないというわけです。ずばり指摘され、ぐうの音も出ませんでした。私は自分と似たような考えを持つ人間ばかりを選んで話をしていました。そして同じ新聞ばかりを読み、その新聞の意見がそっくり自分の意見になってしまっていたのです。

　そこで、一つやってやろうと思いました。翌日、電車に乗ると、私は馴染《なじ》みの人ではなく、それまでよく見かけてはいたが話をしたことはない、ある男に声をかけたのです。この男には、良い印象は持っていませんでした。柄が悪そうで、おそらくギャングかなにかだろうと思っていたくらいです。しかしまったくそんなことはなかった。彼は宣伝の仕事をしている人でした。それで私の仕事についても詳しく、また自分のこともいろいろと話してくれました。そしてそこ一時間の通勤時間中に、なるほどと唸ってしまうようなアイディアが二、三、彼の口から飛び出しました。私は、うちの会社に一度お出でくださいと誘い、以来、彼は会社の大きな助けとなっています」

決心し、新たな出逢いに意識的に身をさらしたとたん、男性は幸運を生み出した。しかし言うまでもなく、このような例は特別だ。運の糸をどんどん投げれば、胸を躍らすことも多くなるかわりに、失望することもまた多くなる。だがそれで良いのだ。生きた心を開発してゆくなかで大切なのは、生涯を幸運なものとするための心を培おうとする姿勢である。生きた心を持つために努力することに、幸運の未来への意義があるのだ。

▼内向的な心を打破する

結婚を考え始めた若い男女には、生きた心が欠かせない。豊かな愛の実りを得るためには、チャンスが必要だ。つまり誰かと巡り合うこと。そして愛し合うようになるなら、それはこのうえない幸運の時である。そして私たちは生きた心を働かせるなら、その至上の時を迎えることができるかもしれない。新たな出逢いに積極的に身をさらすことは、愛を勝ち得、幸せな結婚をするうえで大切な行動だ。人との接触が限られていると、身近な人間と結婚してしまいがちだ。互いが互いにとってふさわしいかどうかも考えずに踏み切った結婚には、幸せが見出せないこともあるだろう。

生きた心を持たず、社交的でない人というのは、心が内向的なのだと言える。この内向的心という不安定な心のせいで、多くの愛や人生のチャンスから自分を遮断している。あまたの人々が運の糸を正常に投げることができないでいる。人はだれでも、ときに心を内に向けてしまうことがある。でもそれはごく自然なことで、運に響くこともないだろう。しかし、概して内向的な人というのは、常に見えない紐《ひも》に縛られて社会と接触できず、心では求めていても人生のチャンスへ思い切り手を伸ばすことが出来ない。

だから内向的な人には生きた心を開発する努力をして、自ら紐を解いてほしい。そのためにまず、この消極的心の実体を知ることから始めよう。

内向的な人は多く、自分が表に出ようとしないのは謙虚さの現われであると思っている。まるでそれが美点であるかのように。でもこれは思い違いである。心理学的に分析すると、ひどく内向的な人というのは、謙虚と言うよりはむしろ、虚栄を張っているのだという。謙虚さは、なんと、虚栄の裏返し――虚栄が、消極的なかたちで現われたものだと。内向的な人は一般的に、人から反感を買ったり非難されたりしないように、人と活発に接触することを避ける。彼らは、一方では自分に過大な自信を持っていて、自分にだれもが関心を寄せていると思っている。ところがその一方で、心密《ひそ》かに信じている自分の素晴らしさをもしかしたら誰ひとり認めないのではないか、と疑心暗鬼に陥ってもいる。だから人前で批判を受けたり、ぼろを出したりするよりは、超然としていたり、高慢な態度をとったり、世間の雑音から逃れたり、社交的集まりに顔を出さないでいる方を好む。そんなふうだから、幸運を生むチャンスが人を介してやってくることはない。チャンスは内向的な心の壁にぶつかって、そこで消えてなくなるのである。

内向的心の実体を掴み、それを正当化することをやめた内向的な方々。さっそく生きた心を開発し、新鮮な運の糸を投げるべく、心の準備をしていただきたい。道は、意識的に人と会い、話をするところから始めれば自ずと開ける。人との接触は、特に初めのうちは骨が折れるかもしれないが、たいへん効果的な方法なのだ。

ところで、人の内向性は歳をとるにつれ弱まるというが、それはなぜだろうか？　人は年齢を重ねるごとに現実的になる。だから世間とのつき合いにおいて、自意識が薄れてゆくのである。経験から、自分を偽る必要などないこと、自分をさらけ出した方が、世間から受け入れられることを学ぶのだ。内向的な人が何度も試みて、そして人前でありのままの自分を出せるようになれば、心の怯《おび》えはしだいになくなり、替わって生きた心が生まれてくるだろう。そして生きた心が人生に入り込んできたら、チャンスも、すぐそばまでやって来ているはずだ。

内向的心を打破するためには、自分自身から気を逸らす、という比較的単純な方法を使う手もある。自分から気を逸らし、そしてその気を世間に向けるなら、自意識も薄れるだろう。その例証としてふさわしい、ある若い女性の話を紹介したい。この女性の内向的な性格は、人生に暗い影を落としはじめていた。女性は、昔からの友人とならば打ち解けることもできたが、自意識過剰なため、知らない人の前にでると緊張してしまう。パーティーに行っても、情けないほどかちかちになるので新しい友達も出来ずじまい。結婚もせず、気がつけば二十八歳。ついには人生を悲観するようになり、心はどんどん重くなり、鬱屈《うっくつ》し、引きこもるようになる。

ところがこの悲しい人生に、ある夜一つの思いがけない出来事が起こった。女性はその夜、パーティーに招待されていた。でも行かないつもりだった。仕事を終え、まっすぐ家に帰ろうとバスに乗り、一つだけ空いていた席に座った。すぐ前の席には男が二人座っていたが、騒いでいる様子からすぐに酔っ払いだと分かった。しばらくすると男の一人が、滑稽な話をはじめた。それはとりとめもなく続いたのだが、途中、男が自分で自分の話していることが分からなくなったり、そこで相方がつっこみを入れたりとその掛け合いがとても愉快で、つい釣りこまれてしまった。そしていつの間にかバスは彼女の停留所を通り過ぎていた。慌てて降りてみると、そこはその夜招待されていた家のすぐ近くだった。迷ったが、ここまで来てしまったのだからと心を決め、家へ向かった。

まずホストに挨拶《あいさつ》した。いつもならこの時点で部屋の隅っこに引っこんでしまうところだ。壁際で飲み物を手に、健気《けなげ》にもぎこちない笑顔を浮かべているだけ。でも今回はさきほどの笑いの余韻が残っていて、自然、口を開いた。「ちょっと聞いてくださる？　いまね……」。そうしてバスの中の二人の男のおしゃべりを、自分でもびっくりしたことに、男たちの調子までも真似ながら話して聞かせた。近くの客も会話をやめて耳を傾け、明るい笑いの輪に加わった。この経験を振り返り女性はこう語っている。「その瞬間、初めて感じました。人を楽しませ、一緒に笑うのは簡単なことなんだって。実際私はみんなを楽しませていたんです。とても素敵な気分でした」

女性は我を忘れて、自意識を捨てて見聞きしたことを話したことで、自分を人前で解放することができた。こうして内向的心を克服し、豊かな会話ができるようになれば、生きた心へ向かって一歩前進できるのだ。

これと同じように生きた心を開発する方法は、まだほかにもある。そしてその方法は、内向的な人ばかりでなく、私たちすべてにとって、注目に値するものだ。その方法を三つにまとめる。

〈新しいことに挑戦する〉
〈一つ何かに心を傾ける〉
〈考えを広げる〉

新しいことに潜む幸運

ごくあたりまえのことであるが、日常とほんの少し違ったことを、学んだり行なったりすると、それが大変な活力に繋がることがある。また、毎日繰り返すつまらない仕事でも、新しい気持ちで当たってみると、人生に喜びをもたらすことがある。その例として、ある若い主婦の話をしてみたい。彼女は魅力的で賢い女性だが、料理が苦手だった。それが原因で結婚生活がぎくしゃくすることもしばしば。でも彼女は、料理が嫌いなわけではないと言う。そして、みんな料理は凝っていれば凝っているほどよいと思っているようだけれど、料理というのは、シンプルであるということが大切なのよ、ともっともらしく主張する。しかし、彼女のシンプルは度が過ぎた。食卓にのぼるのは、缶詰を皿にあけてそのまま寄せ集めたような、単調で創造性も味気もないものばかり。耐えかねた夫と感情的なけんかになることも。それでも彼女がキッチンと歩み寄りを見せることはなく、友達からちょっと変わったおいしそうなレシピが載った料理本をもらっても、開きもせずにぽいと放る始末。

そんなある日の午後遅く、ふいに夫が上司――食欲旺盛な美食家――を連れてきた。一大事である。将来のためにも好印象を与えなくてはならなかった。お定まりのディナーを、どうぞ召し上がれなんて出せるわけがなかった。こうなったら腕まくりしてやるしかない。彼女はすがるような思いで埃《ほこり》のかぶった料理本を開いた。そして最初に目に留まったレシピは、キャセロール。なかなか美味《おい》しそう、それにこれだったら作れるかもしれない。そう思い、彼女は祈るような気持ちで格闘し、そうして出来上がった料理をどきどきしながら食卓に載せた。すると結果は驚くほど上々。夫と客人は、美味しい美味しいといって食べてくれた。料理のことでこんなふうに誉められたのは初めてだった。

この小さな成功によって、彼女の料理に対する姿勢は一変した。料理に挑んでみようと思った。料理を作ることの喜びを感じ始めたのだ。勉強を始め、数ヵ月後には料理人になることを決意、そして一流料理人へと成長していった。また、もっと大切な収穫があった。それは夫との関係が改善され、家庭生活のあらゆることが彩り豊かに感じられるようになったことである。彼女は、この出来事が結婚生活の幸せな転機だったと考えている。

この若い主婦に限らず多くの人は、何か新しいことをやってみると、心が活き活きとし、それが幸運な人生に繋がることを実感している。人間の心というものは、どんなに創意、想像力に富んでいても、常に外界からの刺激がなければ、活力や弾力を保つことはできない。花嫁が、結婚式のときに何か新しい物を身につけるという古くからの風習には、新しい物が人生の活気へ、そして幸福へと繋がるようにとの、人々の願いが込められている。これまでは見向きもしなかったような日常の物事にでもよい。日常を離れた新しい物事や人々にでもよい。とにかく何かに挑んでみよう。人に挑めば何か耳新しい考えを聞けるかもしれない。それが自分と反対の意見であっても、陳腐な同意の言葉よりずっとよい。惰性で同じことを繰り返すよりも、例えばやったことのないスポーツや遊びに挑戦するほうが、心は活性化する。

心を傾け幸運を生む

生きた心が生まれる過程をもう少し眺め、さらに生きた心を追求してみよう。今述べたように、生きた心を生み出すには、いろいろと新しいことに挑戦するとよい。そしてそのなかで、心を傾けることのできる何かを一つ見つけることができれば、それがさらに人生のすき間を埋め、思考や会話にも刺激を与えてくれる。仕事や家事や社会活動を活発にこなしても、まだエネルギーが余っているという人なら、何事かを吟味《ぎんみ》して始めれば、そこからさらなる生きた心が生まれるだろう。

心を傾けた物事と生きた心がどのように連係し、そして幸運を生んでゆくかを具体的に見るために、特徴的な二つのケースを挙げたい。一つは簡単に紹介する。退屈でひどく陰気な若者がいた。ところが誕生日のプレゼントにカメラをもらったのがきっかけで、アマチュア写真に興味を抱き、面白みを感じ、写真愛好会に入り、新しい友達も作った。そうして一年後には、すっかり魅力的な人間へと生まれ変わった。

もう一つは、何かに心を傾けることの大切さを示してくれる話だ。子供のいない、三十歳の主婦がその主人公である。彼女は、身を尽くすように我が子を慈《いつく》しむ、知り合いの若い母親たちのことを、いつも羨《うらや》ましく思っていた。夫とは、彼の仕事の都合でずっと離れて暮らしている。人生からは、彼女の言葉を借りて言うと、感情というものが〝消えてなくなってしまいそう〟だった。あるのは虚しさばかり。何も面白いと感じないし、気になることもなかった。子供がいればという思いから、一度夫と養子斡旋《あっせん》所を訪ねてみたが、彼らより前にまだ何千という申し込みがあるから、子供を紹介できるのは数年先になるだろうということだった。

そんなある日のこと、この若い婦人の足もとで、迷子の子猫がミャオと鳴いた。彼女は思わず抱きあげて、食べ物を与えた。甘えてくるこの小さな動物に胸がきゅんとなり、飼おうと決める。夫が反対すると、忘れかけていた熱情で、子猫を家族の一員にするのだと主張した。やるかたのなかった母性愛の発露でもあった。子猫が生きた心の源となったのである。子猫のじゃれる様子はなんとも愛くるしく、子猫は生活のなかの大きな喜びとなっていった。また彼女は猫の世話や飼い方に関する本を読むようになり、やがて趣味の域を超え、専門家顔負けの知識を持つようになる。だから猫を飼う人たちからアドヴァイスを求められるようにもなった。

一つのきっかけから子猫に心を傾け、子猫が生きた心の源へ。そしてさらなる幸運が生まれた。あるとき近所に住む少女が、かわいい子猫と遊ばせてと言ってやって来た。後から少女の母親もお礼かたがたやって来た。しばらくお喋りをしているうち、母親が、ヨーロッパの孤児を援助する団体のメンバーだということが分かった——そしてそう遠くないうちに、ヨーロッパの孤児を紹介してもらえるかもしれないと。それから一年と経たないうちに、フランス人の少年が若い婦人と夫のもとで暮らすようになった。幸せな養子縁組だった。こうして彼女の人生は満ち足りたものとなったのである。人生のすき間に子猫がやって来て、それに彼女が心を傾けたら、生きた心が生まれ、やがて生きた心はすき間を幸運でいっぱいに満たしたのである。

▼新鮮な考えから幸運へ

無味乾燥な人生に輝きと刺激を与える生きた心を開発するには、何かに心を傾けたり、新しいことに挑戦したり、心を内に向けずに多くの人と接触したりすればよい。でも、それだけで生きた心の追求を終える手はない。私たちは心に栄養を与えれば、生きた心を生むことができる。その心の糧《かて》となるものは、書き記された言葉だ。私たちはときに、書き記された言葉に心を動かされる。まるでそれを記した人が直接語りかけてくるように感じる。それは手紙や新聞の記事や雑誌や書物のなかの言葉かもしれないし、映画やテレビやラジオのなかで、俳優やレポーターによって語られるかもしれないが、大切なのは言葉の〝新鮮味〟である。心を刺激し、活性化してくれるかどうかである。新鮮な言葉を取り入れると、そこから思考の範囲が広がり、私たちは人として豊かに潤い、出逢う人々にとっても興趣ある人間となることができる。

何かを読むと、そこから生きた心が働いて、幸運を生む。ふと目にした一文がきっかけとなり、爆竹が爆発してゆくように次々と幸運の出来事が起こり、独立記念日の花火のように幸せが大きく花開くこともある。

二十世紀の初めの頃のこと。ジョーゼフ・V・ホーンとフランク・ハーダートという二人の男が、フィラデルフィアでつつましくレストランを営んでいた。ホーンはよく、料理の自動販売機のようなものがあったらいいなあ、そうすればウェーターを雇わなくても経営してゆけるものなあ、などと思うことがあった。でもそれは夢のようなこと。ホーンの知る限りではそういうものは存在しなかったのだ。ところがある日、ビジネス雑誌を手にとったところ、一つの短い記事が目に留まった。硬貨を投入すると自動で食事を提供することのできる機械が、外国で考案されたというのだ。記事はその効果を疑問視するものだったが、ホーンはこれだと感じ、その懐疑論を無視して検討を加えた。そうして数年後、二人の店は東部地域に展開し、ホーン＆ハーダートチェーン、通称オートマットとして広く知られるようになり、大きな利益を上げるに至った。奇術師が、ジャーナリストが記した言葉という杖で、器をぽんと叩いたら、幸運といううさぎがぴょんと跳び出した。まるでそんな話である。

新鮮な言葉や考えの効果は、もっと静かに現われることもある。次の例では一つの結婚生活が救われている。ボストンに住む女性が、あるきっかけで、コネティカット州の田舎町の夏季劇場へ行く。そこでは有名な『クレイグの妻』が久々に再上演されていた。この劇の主人公の主婦は、自己犠牲を装いながら、精神の不安定から家族を容赦なく犠牲にしてゆく。ボストンの女性はそんな主人公に、鏡に映し出された自分の姿を見る思いだった。そして、夫との間に揉めごとが起こるといつも夫のせいにばかりしてきたけれど、自分もずいぶん悪かったのだということに気づいた。愕然《がくぜん》としたが、長い眠りから覚めたようにも感じ、家へ戻ると夫と互いの胸の内を語り合った。そしてそこから女性は、結婚生活をしっかりと築いてゆくことができたのである。

考えを広げることは大切だ。だから生きた心で人生にもっと幸運を生み出したいと思う人は、新聞、演劇、テレビ、親しい人からの手紙まで、言葉を伝える多くの媒体に身をさらすべきだろう。ただ、こうした媒体すべてに同じような価値があるわけではない。言ってしまえば、漫画本を愛読する大人たち（こうした成人の図体をした子供は呆れるほどたくさん存在する）が得るものなど高が知れている。そうしたものに費やす時間を、新聞や書物に向ければどんなにか良いものをと思う。生きた心は、怠惰な人間が買えるほど安くはない。生きた心が培われ、潜在運が強くなるのは、集中し、心を傾けて何かを読んだり聞いたりしたときである。

だから、書物は、生きた心の開発において特別な意味を持つ。書物、とりわけ内容の深い書物を読むとき、私たちは集中する。そのため書物に記されたさまざまな考えは心に刻み込まれ、その考えはふとしたときにすんなりと引き出され、幸運を生む助けとなる。書物との出会いから始まる幸運の物語は多い。イリノイ州のポール・ダグラス上院議員は、生き方を模索していた青年時代、シカゴ大学の図書館で、ふと目に留まった本を取りあげた。それは『ジョン・ウールマンの日記』だった。ウールマンは十八世紀のクエーカー派伝道者で、信念の人であった。その人が、二百年の時を超えてダグラス青年に語りかけてきた。ダグラス青年にとって、まさに心の求めていた書物だった。ウールマンはダグラス青年を啓発し、心を生かし、新たな力を与え、そして輝かしい人生を形作る助けとなったのである。

多くの書物に親しんできた人ならだれもが、人生でくじけそうになったとき、書物から得た何かに力づけられた経験を持っているのではないだろうか。書物に偏り、経験のない頭でっかちになってしまうのでは困るが、やはり十分に書物を読みたいものである。そして潜在運を強くしたいものだ。

より活動的で、より成功している人ほど、より多くの書物を読む。これは注目すべきことだが、当然と言えば当然のことでもある。さまざまな書物を興味深く読み、そこから何かを見出そうとする人は、成功へ繋がる幸運の鎖の強力な一環を作り出す。「読書と言われてもね、時間がないんだよ」という言葉。これは単なる怠け者の見苦しい言い訳にすぎない。

生きた心への道はさまざまである。実りある読書をしたり、何かに心を傾けたり、新しいことに挑戦したり、より多くの人と接触したり。ただ、どの道をとるにしても、一生懸命取り組んでいろいろなことを知り、経験してゆきながら、生きた心を養い、潜在運を強め、そして数多くの好ましいチャンスに身をさらしてほしい。そのチャンスすべてが、幸運へと変わる可能性を秘めているのだから。

広い心でチャンスを引きつける

▼不運を招く糸

生きた心は私たちをチャンスのすぐそばまで連れていってくれる。しかし、そうしてそばまでやって来た私たちに、チャンスが必ず手を伸べてくれるとは限らない。人と広く交わり、積極的にチャンスに身をさらしても、特に幸運でもないという人はけっこう存在する。それはなぜだろう。運の糸は、ただひたすらに投げればよいというものではない。チャンスをうまく引きつけるためには、その質——人に与える印象が大切だ。ところが、一部の人々の運の糸は負の性質を帯びていて、糸を投げ、順調に滑り出し、やる気と熱意が有効に働き始めたと思われたそのとき、何かが狂いだしてしまう。そして糸は、幸運ではなく不運を招き寄せる。

ひとつ典型的な例証を挙げる。これはある青年の話だ。青年には何千ドルもの金をつぎ込んだ教育と、強力な縁故があった。しかし何度かクビ切りを経験している。「僕がへまをやらかしてるなんて思わないでほしいな」。これまで助けとなってくれた年来の友に、青年は困惑ぎみにまくし立てた。「うまくやってたんだ。どの職場でもさ。ただ、ツイてなかったということなんだよ。この前の会社では、所属していた部署で人員整理があったというわけ。そういうとき会社というのは古参のほうを残そうと考えるものだからね」

しかし、青年を解雇した広告代理店の社長は、内実をこう語っている。「決して悪いやつじゃないですよ。気さくで、にこにこして人当たりも好いですからね。ただ、あまりにも喋るのです。それも自分のことばかりを。同じ部署の連中からはずいぶんうるさがられてましたよ。そしてその口が、ついに災いしました。ある日あいつは応接室で見ず知らずの客と話を始め、そして今自分は、W氏依頼の広告の文案を作っているところだということを喋ったのです。まあこれはまったくの嘘とも言えませんが——うちとしては、腕試しの意味でいくつかやらせていただけで、あいつのを採用するつもりは毛頭ありませんでした。そして事もあろうに、その客というのがW氏その人だったのです。氏はかんかんになってオフィスへ怒鳴り込んできました。『お宅ではいつからうちの広告にヒヨコを使うようになったんだ?』。それから一時間をかけ、やっとのことで氏をなだめたという次第です。あの若者は私の親友の甥《おい》っ子だったのです。親友に本当のところを知られるのはまずいですからね。それで、なるだけ波風の立たないように解雇したのです」

新しい出逢いを求める、活力ある自然な衝動が不運を招く。この若者は、人とすんなり打ち解けることはできるものの、その人間関係にはすぐに影が差す。ここで核心に触れるとしよう。

なぜチャンスは若者に手を伸べてくれないのか。それは〈抑制されないエゴ〉が存在するからである。人に誉められたい評価されたいという思いから、ついつい自分をひけらかす人は、チャンスにガツンとやられてしまう。

▼なぜ抑制されないエゴは幸運を脅かすのか

人間の不安定な心は数々あるが、世間からの賞賛を希《ねが》う心はその代表だ。この不幸な心はたいてい、心の弱さから生まれてくるものなのだが、人はこの心に突き動かされるままに自分の素晴らしさを喧伝《けんでん》し、忙しい世間に対し、私を見て見てと要求する。この態度がチャンスを遮断する。本来なら人から発せられるチャンスも、ついに発せられないままとなる。

これはどういうことかと言うと、エゴイストというのは、人と会話しているとき、相手の話にはなかなか耳を傾けようとしないから、相手は自然と話をしたくなくなり、したがって好ましい情報やアイディアを言い控えてしまうのである。そしてエゴイストは自分のこととなると、ときには甚だしく、ときにはほのめかすように、顕示し、衒《てら》い、誇る。このように自分の価値や才能を誇示してエゴを満足させる人々は、自分から世間がどれほど引いてしまおうが、気づかない。

　こうしてエゴにふければ不運を招く。それを十分に分かっているのに、新しい出逢いがあると、その出逢った人から賞賛を得たいという衝動に駆られて、自制できなくなる人もいる。ここで、良識や節度ある態度にエゴが勝ってしまう例証を見てみよう。ある陸軍大佐の話である。大佐は、若手ながらその才覚を買われ、地方の小さな司令部を任された。キャンプの付近の住民からは、家に招かれては厚いもてなしを受けた。

　さてこの大佐、ある日ある家に招待される。席の者は皆、初対面だった。少々酒が入り、そこでうずうずし始め、とうとう口を開いた。大佐は、普段は部下に対しなかなか公正な人間だったが、このときはまるで厳格なプロイセン人のように構え、自分がいかに意志堅固な人間であるかを知らしめようとした。「部下を厳しく律する。これが自分の信条であります」。こう始めた大佐は、軍の紀律を乱した者に対し、それまで自分が与えてきたさまざまな罰を、人々の前で詳らかにした。しかし話を聞くかぎり、大佐が違反と呼ぶ事々は些細なことのように思われた。

「本当にこのごろでは、道徳心というものがずいぶん無くなってまいりましたけれど」。女主人は異議を唱えた。「そのような懲らしめをしては、かえって良くないのではないかと思いますよ」

「兵士たるもの辛苦に耐える精神を養わなければなりません」。大佐はおごそかに言い、さらにとうとうと弁じ続けた。

それから一ヵ月後、大佐は愕然とする。ワシントンからの命令で、この地方での任務を解かれ、千マイル離れた僻地へと飛ばされたのだ。これが運というものである。大佐が反駁《はんばく》した婦人は、軍の首脳に兄を持っていた。そしてその兄にこの一件を話したのだ。もしかしたら大佐の運の天秤はすでに平衡《バランス》を失っていたのかもしれない。そしてこの一件で、決定的に不運へと傾いたのかもしれない。内に潜む弱さから賞賛を強要してしまう心の働きによって、大佐の運の糸は負の性質を帯びていたのだ。

エゴイストは、いつでも不幸になりうる人だ。心の弱さ――その現われである抑制されないエゴは、悲しくも事あるごとに不運を招き寄せようとする。ということは、当然こう考えることができるだろう。エゴの対極にある〈**力強い資質――広い心**〉は、チャンスを引きつける磁石であると。

ここで、偉大なヴァイオリニスト、ネーサン・ミルスタインの若き日の体験談を紹介したい。チャンスを引きつける広い心の力を、この例に探ることができると思う。第二次世界大戦の始まる数年前の頃のこと。ミルスタインは演奏旅行で中欧を周っていた。ある日、チェコスロヴァキアから列車でブダペストへ向かった。ブダペストでは大切なコンサートが待っていた。ハンガリーとの国境まで来ると、列車が止まり、ハンガリーの無愛想な入国管理官が役人風を吹かせてやって来て、乗客のパスポートを調べ始めた。さてその役人、ミルスタインのパスポートに目を通すなり、なにやらがみがみと言いだした。聞くと、パスポートによるとお前はブラティスラヴァ経由でハンガリーに入ることになっているのに、なぜプラハからのこの列車に乗っているのだ、と言うのである。

ミルスタインは、プラハでコンサートを開いたこと、だからプラハから列車に乗ったのだということを説明した。事務員のミスであることは明らかだったし、別に目くじらを立てるようなことでもなかったのだが、役人はここぞとばかりに権威を振りかざしてみせた。周りの乗客の抗議にも耳を貸さず、若きヴァイオリニストに向かい、直ちに列車を降りていったんプラハに戻れと命令したのだ。ミルスタインは何にすがりようもなく、列車を降りた。これからどうしたものだろう。かなたに消えゆく列車をプラットホームで切なく眺めながら、ミルスタインは途方に暮れた。この日のブダペスト行きの列車はもうなかった。でもコンサートのためには行かなければならなかった。

彼の名を呼ぶ声がした。振りかえると、役人が立っていた。今度は感じの良い若者だった。この役人は、音楽が大好きで、若き名演奏家のことを新聞の写真で見て知っていたのだ。ミルスタインが事情を説明すると、役人はフランス語を使って、深い同情を寄せてくれた。でも、彼に何かができるわけではなかった。もう一人の役人——こちらは皆から疎まれる年嵩《としかさ》の偏屈者——が何をしてくれるわけでもなかった。だったら貸し自動車《レンタカー》という手があるではないかと思われるかもしれないが、残念ながらここはそんな物の存在しない片田舎。

じたばたしても仕方ない。そう悟ったミルスタインは、スーツケースとストラディヴァリウスのヴァイオリンを持ち、気さくな若い役人を誘って、近くの小さなカフェへ入った。店の主人からは熱烈な歓迎を受けた。いっぽう店の客は、ちらちらとヴァイオリニストに視線を向けては、とんだ災難に遭ったのだとさ、と囁き合った。ところがその囁き合いが、ミルスタインの耳には、演奏を聴きたい聴きたいと言っているように聞こえてくる。ミルスタインは愉快になってきて、そして申し出た。ブダペストへは行けなかったが、そのかわり、今ここで小さなコンサートを開かせていただきたい。ミルスタインは小さく鄙《ひな》びたカフェに立ち、華やかなブダペストの観客を前にしたように、心をこめてヴァイオリンを奏でた。男も女も酔いしれて、演奏が終わると皆が彼を取り囲み、手を取ってはロ々に礼を言った。そのなかに、村で見かけない顔の男がいた。この男、このままブダペストのコンサートがお流れになるのは忍びない、と言う。それで今ひょっと思いついたのだが、この近くにエスターハージ伯爵の狩猟用の山荘がある、伯爵はハンガリーの貴族のうちでもたいへん力のあるお方で、音楽家のパトロンでもいらっしゃる、あいにく伯爵は今よそに行かれているが、執事は山荘に留まっている、自分はその執事を知っている、あそこに用立てできる車があれば何よりだが、もし無くても、馬車を借りればよい、それに二頭の駿馬をつけ、夜っぴて駆ってゆくならば……。

一時間と経たないうちに、その男と若い役人とミルスタインは山荘に到着した。執事は事のいきさつを知ると、一も二もなく計画に乗った。「なんということでしょう。伯爵は今、ブダペストにいらっしゃるのです。なぜって、ミルスタインさまの演奏をお聴きになるためです！ミルスタインさまは何としてもお行きにならなくてはなりません。まったく、性悪の威張った小役人め！」。執事はすぐさま御者《ぎょしゃ》を呼んで馬車を用意させた。こうしてミルスタインは皆に温かく送られて、輝かしい成功の待つブダペストへと向かったのである。

多くの人々の間に、これほど自然に善い心を生み出すことができるのは、一流の音楽家ならではだ。しかし、この幸運の物語を眺めれば、その根底に流れる広く大らかな心を感じることができる。そしてその心を持つならだれもがチャンスを引きつけることができると訴えかけてくる。ミルスタインは、見ず知らずの人々を楽しませようと、心に憂いを抱えながらもヴァイオリンを奏でた。客はすでにミルスタインに興味を抱いてはいた。しかし人の興味というものは、普通すぐに薄れてなくなってしまうものだ。でもそれが広い心の作用で力強く持続した。価値ある情報を持っていた男も、ミルスタインに一時の関心しか持たなかったなら、その情報を頭に思い浮かべることもなく、幸運の使者ともならなかったろう。ヴァイオリニストの広い心に触れたからこそ、男は運を決する情報を思い出し、それをミルスタインに伝えたいという思いに駆られたのである。

人というものはやはり、運の神秘を思わずにはいられないだろう。しかし、広い心が幸運を生むチャンスを引きつける力に、不思議を感じることはない。心理学は広い心と幸運との繋がりを論理的に解き明かしている。人の善意の現われである広い心は、それに触れた人の内にも同じような心を生む。あなたの温かな精神から生まれる行為に触れると、人はあなたに好意を抱く。そしてその好意は力強く持続する。だから、人があなたに有益な事柄を思い出したり、思いついたりする可能性は増す。たいへん多くの幸運の物語において、打算のない広い心が幸運の鎖の一環を担っている。

▼運と取引きするなかれ

打算のない広い心――この形容に注目してほしい。善意を示すとしても、そこに好意や恩返しを受けようという下心を覗かせるなら、チャンスを引きつけるとは思えない。恩を着せられて喜ぶ人間はまずいないし、感謝の念というものが悪感情に一転してしまう場合もけっこうある。計算ずくの善行は、どう受けとられるだろう。見返り欲しさの冷たい施し、といった感じだろうか。だからそういった類の善行を受けた人は、わざわざ意識の底から価値ある情報を引っぱり出しはしないだろう。

ここではっきり申し上げておきたいのは、運と取引きしてはならないということだ。打算的な心は不運さえ招きかねない。実利のため、あるいは人格の欠点を補うために物を与える行為は、広い心の現われではない。これは、人に銃を向ける行為が勇気の現われではないのと同じことだ。時々世間のいわゆる慈善というものに、少しも広い心を感じられないことがある。まことの慈愛は、尊く美しい。ところが、慈善と称された行為が、高慢に映るときがある。与える者のエゴを感じさせるのだ。またときには税金逃れの意図が透けて見えることもある。こうした偽りの施しにチャンスを引きつける力はない。ローウェルは「贈り主のない贈り物は虚しい」と言った。

真の広い心と、とり憑かれたように人に何かを与えようとする病的な人の心も、はっきりと区別しておかなければならない。人に惜しみなく何でも与え、そして自分を広い心の持ち主だと信じて疑わない人のなかには、自らを欺いている人も多い。というのも、彼らを突き動かしているのが広い心ではなく、人の愛を渇望する心だからだ。これは偽の広い心を振りまわし、人の心を金で買おうとしているようなもの。派手な贈り物より、例えばつい口にしそうになるひどい言葉を慎もうとする努力（これは相手の立場に立って物事を考えるということ）や、困っている人への励ましの言葉のようなものこそが、広く温かい心の現われである。

▼幸運の泉

ミルスタインの話のように、広い心が引きつけたチャンスがいつも、あっという間に素敵な恵みを生むわけではない。百の善い行為をしても、一つの幸運も生まれない、という方が普通であるだろう。棚ボタ式に得られるものではないのである。広い心の恩恵は、あなたの健全な精神と人々の真心――敬いと愛しみを湛える善意の泉――に深く密やかに宿る。

こうした深く密やかに宿る幸運は、実に長い年月を経て表へ現われ出ることもある。マサチューセッツ州の一地方の婦人の話を紹介したい。婦人は教師だった。その人徳により、二世代の生徒たちからたいへん慕われた。さて、退職したとき、婦人には、尊厳ある老後を送るだけの蓄えがなかった。婦人は問題を内に抱え込んでしまう性質だったので、その窮状を知る者はなかった。婦人は悩んだすえ、親戚と暮らすため町を出ようと決める。しかしそのとき、幸運が姿を現わした。

婦人はわずかな当座預金を持っていた。あるとき勘違いから、預金の残高を超えて小切手を振り出してしまう。やむを得ず、小さな銀行の頭取を訪ね、当座借越しをしたいと頼んだ。しかし頭取は首を縦には振らなかった。話の流れから、婦人の経済状態に疑問を抱き、調査させたのである。婦人は悲嘆に暮れた。そしてさらに悪いことに、町の行政委員会から、特別会議に出席するよう呼び出されてしまった。すっかり惨めな気持ちで婦人は会議室へと入っていった。すると、しかつめらしい委員連と集まった町の有力者が総立ちになって、激励の言葉とともに婦人を迎え入れた。そして婦人に告げた。「委員会では、先例をことごとく破って先生のために町の名誉職を設けました。そして生涯住む家と生活資金を町が保障します。先生は、町になくてはならない方なのだから」

広く気高い心は、ときに縁もゆかりもない人からだって幸運を引きつける。ニューヨーク・タイムズの特派員として日本を訪れたガートルード・サミュエルズ女史は、そこで心温まる話を知る。アメリカ陸軍の三等軍曹が、立ち行かなくなった日本の孤児院を再建したいという思いから、一口一ドルの資金を、一人こつこつと仲間から募っているというのだ。彼女は感動してこのことを記事にした。そして三等軍曹ヒュー・オウライリーは一躍、時の人となる。軍曹にとって、会ったこともない、また一生会うこともないであろう一人の女性が幸運を運んだのである。

また、広い心が働けば、私たちの敵でさえも幸運の使者となりうる。これはある都市の政界のドン——貪欲に私服を肥やす古ダヌキ——と、それに激しく対立する革新派の急先鋒の話だ。こう聞くと、どちらかがどちらかの幸運の使者になるなんてことはありえないのでは、と思ってしまいそうだが、しかし革新派の男が広く大きな精神の持ち主だったため、二人の間の隔たりにさえも、運の糸をかけ渡した。革新派の男は、あるとき重い病に倒れてしまう。しかし貧しかったため、必要な手術が受けられなかった。そんな男のもとへ、病院から一通の手紙が届く。あなたの治療費にと、お金が送られてきました、贈り主はどこのだれだか分かりませんが、これで手術を受けることができますよ。数年の後、男は、金を贈ってくれたのが、かつての政敵だったことを知る。古ダヌキが、うっかりよい一面を見せてしまったわけである。その理由は？　とても単純。革新派の男の理想を追い求める大きな心に、敵意を抱きながらも惹きつけられてしまったからだ。

広い心の最も崇高な現われである博愛の精神は、チャンスを常に力強く引きつける。ここでは歴史上の人物を例に挙げる。ジョージ・ワシントンは高潔な人であり、数知れぬ運の糸を、縁もゆかりもない人々にまで投げている。彼は王党派の家庭に生まれ育ち、王党派としての社会的地位にあった。その男が、身命と財産を投げ打ち、民主主義という理想を掲げ革命の先頭に立った。理想を同じくする各国の人々は、彼を崇め、畏敬の念を抱くようになる。そんな一人だったフランスの劇作家ボーマルシェが、ワシントンに奇跡のようなチャンスをもたらした。ボーマルシェは、フランス国王が支援に乗り出すよりずっと以前に、私財を投じ、危険を冒しながらもアメリカ独立革命を組織的に支えた。これがワシントンの率いる軍隊の士気を鼓舞《こぶ》し、戦力を維持するのに大変な助力となったのである。

▼広い心と友情と愛

「人のために身を賭《と》せよ」との神の声を聞くことのできる人物は稀《まれ》であるが、私たちも、私たちなりに、人々の心に善意を生むような尊い人の道を歩むことができる。これは誰もが、例えばお金の有る無しに関係なく、進むことのできる道である。まず、人生の折々により広い心で人に接すること。そして、いつも本物の友情を人に示すことだ。

「本物」という言葉を強調しておきたい。というのも、私たちは友達を欲する気持ちから、うわべだけの友情と本物の友情を混同しがちだからだ。アーサー・ミラーの悲劇『セールスマンの死』の主人公の男のように、私たちはただ顔が広いというだけで、たくさんの友達を持っているると思い込んでいないだろうか。そして私たちが友達と呼ぶ人に対し、儀礼的に、微笑みかけたり、力強く手を握ったり、ぽんと背中を叩いたり、気遣って見せたりしていないだろうか。このような人との関係が悪いとは言わないが、それと友情は似て非なるものであり、幸運との繋がりも弱い。広い心の開発にあたっては、あたりまえ過ぎてかえってなおざりにしがちな一つの真理を、しっかりと心に留めておかねばならない。それは、真の友を得るためには、私たち自身が真の友とならなければならない、ということだ。

たんに愛想を振りまくような浅はかな心持ちからは友情など生まれない。いつも人に好意を寄せ、人の幸福を祈る。正真正銘の友情――幸運を力強く引きつける広い心――を育むためには、そんな気持ちが大切だ。そして私たちはこうした精神を、普段のちょっとした心ぐみで養うことができる。例えば、友達が問題を抱えていたら、いつもよりも親身になってそれを理解するよう努め、見返りなど期待せず助けの手を差し伸べてみよう。私たちは友達が心に傷を負ったとき、それを癒すどころか、傷を広げてしまいかねない言葉をつい口にしがちだ。そんな言葉を慎もう。友達が幸せを手に入れたら、嫉妬心をぐっと抑えて共に喜ぼう。誉めるべきは誉め、対抗意識を燃やして自分を誇示したりせず、でしゃばらないようにしよう。少しずつ、意志を持って努力しながら。だれにでも、ずっと羨み妬んでいるような相手がいるだろう。そこでちょっと気分を変えてみる。今日はひとつ、あの人に、よかったねの言葉をかけてみようかな、と。その気持ちを伝えるのは、一本の電話や一通の手紙でも十分だ。

本物の友情は、潜在運を強くする。友情はいわば心の潤滑油であり、ともすると錆《さ》びつきがちな広い心の働きを滑らかにしてくれる。そして広い心が自由に働き私たちの真心が現われ出たとき、人は私たちに善意を寄せ、そして運の糸に命が吹き込まれる。

男と女の関係においても、幸運を生み、愛という強い絆《きずな》で結ばれるためには、広い心が必要だ。人生の伴侶としてふさわしい相手が見つかれば、幸せな結婚ができると考えている人はけっこういる。特に若い人に多いように思われるが、彼らはひとつ重要な事実を忘れている。それは、幸せな結婚のためには、自分自身も相手としてふさわしい人間でなければならない、ということだ。人はみな一生のうちに何度か恋に落ちるだろうが、そこから運を大きく開き、相思相愛の関係を生むためには、互いが互いにとって〝ふさわしい〟人間であろうとすることが大切だ。異性との関係に利己的に打算を働かせる人は、知らぬ間にチャンスを引きつける力を弱めている。また、ねじれた心を持つ人は、決してふさわしい人となることはできない。それが男なら「愛なんてものは、性の衝動を隠し込んだ、単なるおセンチな感情だ」と言うだろう。女なら「男を捕らえる罠《わな》に過ぎないわ」と。そうして欺き欺かれ、人生の不運な役を演じつづける。

このように異性を食い物にして悦《よろこ》びを得ている人は、恐ろしいほど高価な代償を払っていることに気づかない。真の愛を冷笑する皮肉な感情は毒であり、心を不安定にし、不運を誘う。心理学者は、人が心を安定した状態を保つには、人の愛が必要だと言う。まずは親の愛、つぎに友達、異性、そして我が子の愛。これらの愛を感じ、愛されていることを自覚したとき初めて、私たちは満たされ安心する。人の心は安らかでありたいと切望してやまないものだ。それなのに皮肉な人間は、支えである愛を壊す。そして心は不安に揺らぎ、幸運に背を向ける。

エゴに縛られ、心から女と愛し合うことのできない男でも、男っぷりがよかったりすると、一時の女の愛情を得ることもある。でも、女を性の快楽の対象として見るばかりで、人格を認めることができないから、結局幸せにはなれない。もちろん女だって同じことだ。ある女は、権力と金のために次々と男を乗り換えてゆく。そしてこの薄情で浮気な女は、男を鼻で笑いながら、これが私の恋愛哲学だと言う。そして自分が幸運だと信じている。しかし本当のところは、騙したつもりで騙されている、不運な女なのである。

詩人や小説家はいつも私たちに語ってくれる。だれかと巡り合ったなら、互いに広い心で触れ合いなさい、そうすれば最上の愛を味わうことができるから。この教えを理解し学ぶなら、だれの人生にも結果は自ずと現われるだろう。

▼広い心と家庭の幸運

広い心は、潜在運の強い人格を形成するとともに、幸運が生まれやすい環境も作り出す。そうした広い心の効果が顕著に現われるのが、結婚生活においてである。結婚生活ではさまざまな問題が起こり、夫婦に独特なストレスを与える。しかしそのストレスにめげず、互いに広い心で接するよう努めるなら、チャンスによって救われやすい環境を生み出すことができる。

その良い例証として、ある若い夫婦の話を紹介したい。二人はある日、悲しい知らせを受ける。夫の父親が心臓発作で亡くなったのだ。そして問題が持ち上がる。一文無しで一人残された母親をどうするか？　夫婦には幼い男の子が一人いて、小さな公営住宅に住んでいた。母親をよそに住まわせるほどの、お金の余裕はなかった。夫は妻にそのことを話し、妻は納得した。こうして夫婦は母親を呼び、一緒に暮らし始めた。

母親は強い個性の持ち主だったが、嫁と折り合い良く生活できるよう、自分なりに努力した。しかし小さな家で毎日顔をつき合わせていれば、衝突もする。ひと月と経たないうちに、家の中にピリピリした空気が漂いだし、妻は息が詰まってしまいそうだった。逃げてしまいたい――愛する夫を捨ててでもこの家から逃れたい。しまいにはそんなことばかりを考えるようになる。ところがあるとき、このままではいけないと思い立ち、行動を起こした。

まず妻は、胸の内を夫に伝え、夫婦でじっくりと話し合った。すると嬉しいことに夫は問題を理解し、同情してくれ、迷わずこう答えてくれた。どこかに家を探し、そこにお袋を住まわせよう、お袋には何か仕事をしてもらわなくちゃならなくなるが、でもぼくも少しなら援助できるから、それと自分の稼ぎがあれば、やり繰りして暮らしてゆけるだろう。

夫は、六十を過ぎた母親がそこらのけちな仕事につくことを思うと、いたたまれなかった。そしてその夫の気持ちを妻は痛いほど分かっていた。そこで妻は発想を転換した。とにかくできるだけお義母《かあ》さんと距離を置いて生活できれば良いのだ、だから、昔働いた経験もあることだし、家のことをお義母さんに任せてしまい、私が外に出て仕事をしよう。幼い子が祖母に躾《しつ》けられるというのは好ましくないから、あの子は託児所に預けよう、費用はかかるけれど、収入の一部を充てればなんとかなる。

夫もこの案で納得した。これは結果的に、妻が昼間家から締め出されるようなかっこうになるわけで、そう考えるとお互い辛かったが、仕方なかった。とにかくやってみるしかなかった。数日後、デパートの販売員の仕事が見つかった。こうして妻は、家の切り盛りを姑に任せ、働き始めた。

生活は改善された。でも満足からはほど遠いものだった。特に妻は、毎日息子から切り離される生活に、腹立たしささえ覚えた。収入の半分は息子の保育費に消えた。しかしそれでも、毎月こつこつやっていたら、数百ドル貯まった。

さて、ここで妻に名案が浮かぶ。広い心と豊かな想像力を持つ彼女ならではの思いつきで、夫と相談したうえ、テレビを買い、姑にプレゼントしたのだ。そして姑の寝室に据え付けた。これは一九五〇年代初めの話だから、テレビがまだたいへん珍しかった時代である。姑は、好きなときに好きなだけ楽しむことのできるテレビにすっかり夢中になった。それで夫婦は干渉されることが少なくなり、その結果、家の中で姑の存在をそれほど感じずにすむようになった。

この段階で、互いを思いやる広い心によって、夫婦は精神的な解放感を得ることができた。夫は、母親を養う義務を果たしたと感じることができたし、また、二人が協力して問題に取り組むなかで、互いをより尊重しあうようになり、愛も深まった。幸運が生まれる環境は整っていた。あと必要なのは一つのチャンスだった。そしてそんなチャンスはいつも突然にやって来る。姑には、共同住宅のなかでいくらか友達ができた。夫婦はうすうす気づいていたのだが、その友達のなかには、テレビを観にちょくちょくやってくる者もいた。そしてある晩、姑がいきなり結婚すると宣言した。相手は共同住宅の住人の一人。夫婦はその男性と面識はなかったが、姑の説明では、年輩の男やもめで、稼ぎはそこそこあり、テレビ友達として午後の時間をしばしば一緒に過ごすうち、互いに多くの共通点を発見し、惹かれあったのだということだった。日を待つことなく、結婚式は執り行なわれた。一件落着である。これは、事の始まりから夫婦が互いに広い心を持って接したからこそ、迎えることのできたハッピーエンドだろう。

結婚生活では、パートナーに不必要な苦しみを与えまいとする努力が大切だ。難しい問題を共に考え理解しようと努めるなら——批判するべきは当然批判し、でも決してカッとなったり、心を傷つけるような辛辣《しんらつ》な言葉を吐いたりしないなら——ちょっと例えれば、銀行口座にお金が貯まってゆくように、家庭に幸運が蓄えられてゆく。また結婚生活において、陰ながら大切な役割を果たしているものがある。それは、〈ゆとり〉と〈関心〉だ。この広い心の形は健全な結婚生活には欠かせない。心にゆとりがなく、パートナーに関心を寄せようとしないと、いらいらしたり、パートナーにわけもなくつっかかってしまったりするだろう。そんな態度は、夫婦の幸運を蝕《むしば》む。

家族関係でみれば、ゆとりと関心が特に大きな役割を果たすのは、親と子の関係においてである。親というものは誰しも、子の健やかな成長を願う。しかしなかには、心のゆとりや子に対する関心に欠けるため、たいへんな不運の潜在する家庭を築いてしまう人もいる。ここである家族の出来事を検証してみよう。家族の親戚が悲しくこう語った。

「いったいどういうことなのやら。私の兄は善い人間です。勤勉でまじめ、ばかをせず、つましく暮らしています。義理の姉も善い人間であり、善い母親です。子供に尽くし、骨身を惜しまず働いています。それなのに、恐ろしい不運が立て続けにやってきたのです。まず長男が、十五歳の少女と遊んで妊娠させてしまい、それで兄夫婦は少女の家に慰謝料を払いました。次に娘が学校でカンニングをして、それが見つかり、兄たちは退学処分を取り消してもらうように校長に頭を下げる羽目に。とんだ恥さらしですよ。それからつい昨日のことなのですが、六つになる坊やがハサミで遊んでいて、どうかした拍子に、まだ赤ん坊の妹の一方の目を、突いてしまったんです。そのかたっぽの目は見えなくなるだろうということでした。あんまりむごくてやりきれません。こうも不運につきまとわれてはね」

むごくてやりきれない——不運。その通り。ではなぜこのような不運が家庭に生まれたのだろう。家それれは父親が模範的な男ではあったものの、子供に対する〝ゆとり〟と〝関心〟に欠けていたからだ。父親としての心が狭かったと言っていい。いつも自分のことが第一で、「子供のことで煩わされるのは御免だ」と考えていた。その気持ちも分からないでもないと言う方もいるだろうが、この姿勢が年月とともに彼に染みつき、やがて家庭に深刻な影響を及ぼした。そのひとつは、父親が無関心な分、母親が自分の愛情で子に償おうとしたことだ。そしてそれが分別のない甘やかしにつながった。このような家庭は、不運のダイナマイトを抱えているようなもので、ちょっとしたチャンスで導火線に火が点き爆発する。

なぜ長男は、十代の若さで少女を傷つけるようなことをしてしまったのだろう？　夫婦はそれまで一度も、性の問題と責任について息子と向き合って話をしたことがなかった。また、息子には自制心というものが育っていなかった。その少年と純真な少女との出逢いが不幸な結末を迎えたのは当然である。

なぜ娘はカンニングをしたのだろう？　娘はいつも、父親にかまってほしいと思っていた。だから学校で良い成績を取れば、父親に認められ関心を持ってもらえるだろうと考えた。だからもう自尊心もなにも関係なく、チャンスを窺い、ズルをした。

なぜ幼い男の子がハサミなどで遊んだのだろう？　子供がハサミで遊ぶこと自体は悪いことではないが、ここで取りあげておくべきことは、この子供が危険な物をおもちゃにして遊びたがる傾向があったということだ。どんな悪戯《いたずら》をしようが決して叱られないことを、知っていたから。だから、不運を招くには、小さな妹がいるだけで事足りたのだ。

もちろん、この家族の不幸にはさまざまな要因が絡み合っている。しかし元をただせばやはり、父親の姿勢が悪かったのだと言わざるをえない。子を思い、そして子がその思いを感じて安らげるような家庭を生む、父親としての広く大きな心が、彼には欠けていた。だから必然的に家庭に不運が蓄積された。そしてそれが一気に噴き出したのである。

エゴは不運を招く。人と接するとき、その相手が愛する人であれ、好きな人であれ、ただの行きずりの人であれ、私たちはこの明白な事実を忘れてはならない。そして、私たちの広く温かな心が、幸運を生むチャンスを引きつけるということもまた、忘れてはならない明白な事実である。

第Ⅱ章

チャンスを認識する

どのような運が降りかかろうと、
喜びに浮かれることのないように、
悲しみに暮れることのないように……万物は流転し、
そして運もまた、いつ変わるとも知れないのだから。

——— ショーペンハウアー

転機とは

▼好ましいチャンスと好ましくないチャンス

シカゴのあるビジネスマンが、仲間と運について話をしているとき、こう告白した。二十世紀に入ってすぐの頃、ある人がこんな話を持ちかけてきた。私はフォードという小さな自動車会社の株をたくさん持っているのだが、その株を数千ドルで買わないか、と。しかし僕は、検討することもなく、その申し出を断った。

「ぼくに先見の明があったなら……」とそのビジネスマンは嘆く。「株を買っていただろう。そしていまごろは億万長者になっていたはずさ。でも当時は、それは多くの零細企業が争うように資金集めをしていただろ。どこも経営はがたがただったからな。そんな状況で、いったいどうしたら有望株を見分けることができるというんだ?」

投資を考えるときに限らず、人生のさまざまな場面で私たちは同じような疑問を抱く。いったいどうすれば私たちは、好ましいチャンスに気づくことができるのだろう? チャンスを認識することは、チャンスを引きつけることと同じく重要である。

隠遁《いんとん》生活を送る人は別として、私たちの日々の生活には実に多くのことがある。だれかと会ったり、友達に助言したり、パーティーに出かけたり、残業したり、休暇を取っていつもと違うことをやったり。また、仕事を辞めたいと思うこともあるし、煮ても焼いても食えない奴がいれば、くたばっちまえと罵倒《ばとう》したくなることもあるし、仲間から嫌われかねない意見でも言ってしまいたくなることもある。このようなチャンスはあまた存在するわけだが、そのなかには、私たちの運や心の成長における〈**転機**〉となるものがある。そこから、友情を深めたり、新しいことに興味を持ったり、教養を高めたり、楽しい思い出を作ったり、どきどきするような達成感を得たり、自尊心を強めたり、高給取りになったり、名声を勝ち取ったりして、人生が豊かになるかもしれない。つまり幸せが生まれるかもしれない。では、どのチャンスから?

離婚問題専門の弁護士に聞くと、女性の依頼人はたいてい、しきりとこんなふうに嘆くらしい。「ジムと出逢って、そして結婚を申し込まれたとき、わたし思ったわ。なんていう幸運なんだろうって！　ところがそれが人生最悪の不運！　あの夜ジムなんかに出逢わなきゃよかった。そしたら今ごろは、ほかの誰かさんと幸せな結婚生活を送っていたでしょうよ！」

見た目は赤く美味しそうだが、中身は腐って虫のいる林檎《りんご》のようなチャンスは、ごろごろ転がっているものだ。ある人には幸運をもたらすが、他の人には無意味なチャンスもあるだろう。だから私たちは、星の数ほどある人生のチャンスのなかから、幸運を約束するチャンスを認識しなければならない。

好ましいチャンスと好ましくないチャンスを認識するためには、私たちはさまざまな資質を働かせる必要がある。そして幸運の事例を比較研究してみると、特に五つの資質が重要であることが分かる。その一つは、〈注意力〉、そして〈自己認識力〉〈判断力〉〈自尊心〉〈直感力〉だ。ここでは、チャンスの認識において、この五つの資質が果たす役割と、これらの資質の力を効果的に強くする方法を探ってゆく。

▼チャンスのリズムを掴む

私たちは、〈注意力〉を働かせるとき、生理的には、神経と筋肉を緊張させる。この生理的緊張をよく理解できる例を一つ挙げてみよう。猫がうたた寝をしていると、どこかで何かの物音がしたとする。すると猫の様子はにわかに変わる。目を見開き、耳をぴんとそばだて、いつでも素早く動けるよう、微妙に体の重心を移す。猫は事に備え、注意力を働かせている状態となったのだ。人間もこれと同じである。何か事が起こりそうだと感じると、脳から全身の神経と筋肉に一気に指令が送られ、緊張状態が生み出される。それから事が起こって緊張が解かれるまでの間は、注意力を働かせている状態である。

幸運な人生への転機を認識するためには、精神をこのような緊張状態にもってゆかなければならない。注意力を高め、働かせなければならない。さらに言えば、転機、つまり好ましいチャンスがやって来る頃を見計らって、緊張を高めなければならない。

ひょっとしたら、今あなたはこう叫んでしまったのではないだろうか。「ばかな！　どうやって好ましいチャンスに気づくかって話のときに、頃合いを見計らえとはどういうことだ？」

もっともな叫びである。しかし、常に緊張した状態で生活していては身が持たないし、時々気を緩めるとしてもやはり長くは続かないだろう。だから私たちは、頃合いを見計らって好ましいチャンスを狙わなければならないのである。

これは決して不可能なことではない。私たちの人生に効果、つまり幸運を生むチャンスの現われ方にはいくつかの特徴がある。この特徴を知れば、人生のチャンスの狙い時が分かってくる。もちろん百発百中というわけにはいかない。しかし理解を深めれば、当たる確率は高くなる。そこでとりわけ二つの特徴に気をつけたい。一つは、チャンスには〈**リズムがある**〉ということ。

もう一つは、チャンスは〈**連鎖する**〉ということだ。この特徴を掴み、幸運に向かって大きく前進したい。

私たちは日々、周りの世界の色々なリズムに親しんでいるが、そのリズムが私たちの運と幸福に強く影響していることをご存知だろうか。私たちはあらゆるものにリズムを感じる。ダンスフロアや穀物畑に、医者の聴診器や天文学者の望遠鏡に——音楽や夜空に輝く星々に、そしてあらゆる生命体に。そして時々ふと、そんな自然のリズムと一体となるような感覚をもつことが、どなたにもあるのではないだろうか？　そして生き生きとした気持ちになり、力が湧くことがないだろうか？　そんなとき私たちは、より仕事に励んだり、軽やかに踊ったり、心から愛したり、理解を深めたり、自分が自然の一部であるというすばらしい事実に気づいたりする。自然のなかに暮らし、移りゆく季節や、ゆっくりと巡る生長と実りと収穫や、遠く異国へ渡ってゆく鳥たちや、数限りないリズムの響き合う自然を、眺め、愛する人は、神の恵みのような幸福を知っているだろう。農夫でも都会の住人でも、自然と共にあると感じることができれば、同じように幸運だ。逆らうことなく自然のリズムに身をゆだね、青春に愛を交わしたり、眠ったり、働いたり、ときには溢れるような力を感じたりすることができれば、幸運だ。

　そしてとりわけ、大いなる自然のリズムと運との尊い関わりを示すのが、女性の受胎である。女性が子を授かることのできる時は周期的に訪れるが、それは一生のうちのほんのわずかな時である。そのわずかな時のうちに愛が営まれなければ、女性は母となることはできず、その本能的な願いは叶わないこととなる。女性としての幸運は、体のリズムに合わせ交わりを結べるかどうかに大きく係っている。

　私たちの体と自然の、親しみ深い周期的なリズムとは違い、しばしば乱れ、常にテンポを変えるから分かりにくいが、確かに存在して私たちの生活に作用しているのが、チャンスのリズムだ。このリズムもあらゆるところ――ゲームや世事や天気の内にある。このリズムを掴もう。そうすれば幸運を生み出せるかもしれない。掴めなければ、幸福へのチャンスを逃す。できる限り私たちの内に巡る力をリズムに合わせ、人生の大一番で、あるいは日々の暮らしのなかでチャンスを手にしたい。

雨と晴、表と裏、善と悪。このようなチャンスはいつも、大胆に入れ替わりながら姿を現わす。ここで重ねて申し上げておくが、このリズムは規則的なものではない。だから流れがどれくらい続くのかをはっきりと知ることはできない。しかしチャンスの移ろいを眺めているうちに、流れの変わり目を知る勘を養うことはできる。人生のチャンスの流れは短い。もし、似たようなチャンスが続けて幾度か現われたなら、変化を予想すべきだ。

ここで簡単にコイン投げで考えてみよう。コインを四千九十六回投げるとする。そのなかで、表か裏が八回以上連続して出るのは、（せいぜい）六度ほどだろう。果てしなく投げ続けても、たいていは〝一発〟か、二、三回の短い流れで変わってゆくだろう。ルーレットでも同じこと。モンテカルロのカジノでは〝赤〟が二十八回連続で出たというが、これは確率で言うなら、ルーレット盤を二億六千八百四十三万五千四百五十六回回転させて、一度起こるか起こらないかの流れだ。

つまり何を言いたいのかって？　つまり、だからこそチャンスを見逃すなと申し上げたいのだ。赤が続けて五回出たなら、ルーレット盤を取り囲むプレーヤーの動きに注目してもらいたい。彼らは賭け金を黒目へ移すのではないだろうか。もちろん負けるかもしれない。だいたいルーレットは負けを覚悟で賭けるものであり、六回目にも七回目にも、赤が出るかもしれない。しかし彼らは、リズムが変わりやすいことを知っているから、注意し、好ましいチャンスを狙うのだ。

▼形勢を逆転させるチャンス

人生には、不運の流れがやって来ることがある。そのとき、チャンスのリズムを利用して注意力を働かせれば、形勢を逆転させるような力を持つチャンスを認識することができる。ポーカーを例にとって考えてみよう。良いポーカープレーヤーというのは、悪い手ばかりで負け続けている夜でも、ねばり、そして良い手がきたと思ったら、冷静に他のプレーヤーの心理を読んで、賭ける。そしてその夜唯一の勝ちゲームで、それまでの負け分をすべて取り戻す。彼らが好ましいチャンスを認識できるのは、まず、常に前向きな気持ちを持ち続けるからだ。落ち込まず、弱気にならず、怖じ気づかない。そしてリズムを利用し、注意力を高める。だから手にしたカードに潜む幸運を敏感に感じることができるのだ。

人生においても同じである。好ましくない流れのなかで、心の憂いに囚われず、外界に意識を向けて客観的に注意力を働かせれば、形勢を逆転させるチャンスにも気づきやすくなる。そうすれば、永久に失ったと思ったものを取り戻すこともできるかもしれない。また、災難から間一髪で逃れることもできるかもしれない。その適例として、有名なヨットマン、ジェラード・B・ランバートの体験談を紹介したい。ランバートの「ヤンキー」号はレースを控え、ロードアイランド州のニューポート沖に停泊していた。そのとき、ヨットに雷が落ちてしまう。しかし特に損傷は受けなかった。ただ、コンパスの指針面が磁針とずれていたため、そこをきちんと合わせ、そしてレースへの態勢を整えた。万事順調のように思われた。しかし、実はコンパスは、指針面がずれていたのではなく、雷の影響で磁針そのものが四方位狂ってしまっていたのだ。でもだれもその事実を知らなかった。磁針は方位を正確に指し示しているとばかり思っていた。

「ニューイングランドの海岸沿いがコースだった。霧が濃く、スタートラインもよく分からないような状況で、レースは始まった。艇は各々の針路を取って進んだから、どの艇もすぐに霧のなかに消えて見えなくなった。ぼくらが頼りにしたのはもちろん、コンパスだった。半時間ほど過ぎたころ、クルーの一人、レイ・ハントが声を上げた。『変だぞ、ロブスターの罠籠《わなかご》が見える！』。ぼくは舵を取っていて、そっちに掛かりっきりだったから、ロブスターの罠には気づいていなかった。ぼくもおかしいと思った。ロブスターの罠が見えるということは、十分沖に出ていないということだ。そしてその直後だった。進行方向の左前方の霧のなかから、叫び声が聞こえたんだ。十ノットほどで帆走しているときだったから、風はあった。声はただのひと言だった。『曲がれ！』。ぼくらの位置を教えるものでも、長い言葉でもない。『曲がれ！』のひと言。声の主はいったいだれだったのだろう。

クルーに指示を与えるよりもまず、舵を右舷に取った。自分たちがどこを走っているのか、分かったんだ。あの辺りの海のことはよく知っていたから。ぼくらは、海からまっすぐに突き出した岩群に向かって進んでいたんだ。百六十トンのヨットが十ノットの速度で、深い霧に沈んだ海を、岩めがけて——。

運？　寂しい沖合のあの場所に、小船に乗って、漁夫だろうか、一人の男がいたことが？　まるで天からの声のような『曲がれ！』のひと言が？　さあ、分からないな。ただ、それでいくつかの命が救われたということは確かだろう」

ランバートは、ロブスターの罠籠の側を通っているという状況から、何か好ましくない事が起こる可能性を考え、注意力を高めていた。不安に支配されることなく理性を働かせ、外界の状況に意識を集中させた。だから、形勢を逆転させるチャンスをすばやく認識することができたのである。

起こりうる災いに備え、注意力を高く保つなら、素早く機に乗じることができる。逆に不運の流れによって精神的に弱くなれば、さらなる不運を招きかねない。だから不運の流れの内にいる人は、気力を出して踏ん張って、注意力を働かせてほしい。その力が作用すれば、運の大逆転も起こりうるのだ。

▼運のピラミッド

続いては、〈チャンスの連鎖〉というものについて考えてみたい。人生には、好ましいチャンスがいくつか連なって触れてくるような時がある。そんなとき、私たちが注意力を高めて、チャンスをうまく認識してゆけば、最初のチャンスから生まれた幸運を基礎に、幸運の〝ピラミッド〟を生み出すことができるかもしれない。その例証を挙げてみたい。

これは戦時下の首都ワシントンでの話。ワシントンには、各地から大勢の人が集まっていた。その一人、広告業者のB氏は、政府の戦時広告担当として、中西部からやって来ていた。彼は、残してきた妻と子供を呼び寄せるため、住む家を探していた。しかし一軒家もアパートも、適当な場所はなかなか見つからなかった。そうして数週間が過ぎたころ、滞在していた安ホテルの主人が、うちは短期の客相手に商売しているからそろそろ出て行ってもらおうか、と言ってきた。不当な要求が腹立たしくもあり、悲しくもあった。また、愛する国のための任務を果たそうと、家探しを二の次にしていたことを考えると、気が重かった。

ホテルを出て、夜の街を歩いていたら、ぽつぽつ雨が落ちてきた。それがたちまち横なぐりの激しい降りになったので、近くの家の戸口へ逃げ込んだ。するとそこへ、一人の陸軍将校も走り込んできた。風雨の治まるのを待つうちに二人は話を始め、そのうちB氏は、実は今住む所を探しあぐねているのだ、ということを口にした。

「おや、それならちょうどいい」と将校は言った。「私はもうじき海外へ異動になります。今日、軍の命令を受けたのです。だからアパートをすぐに引き払います。ご覧になってみませんか?」

二日後、B氏は快適なアパートに引っ越し、そして妻と子供に、ワシントンに出てくるようにと連絡した。家族の到着を待つ間に、次のチャンスがやって来た。ある日、B氏が政府施設の食堂で列に並んでいたところ、前の男が、食べ物をたくさん乗せたトレイからナイフを落とした。B氏はそれを拾って男に渡し、微笑みを交わしてから、席を探して座った。すると偶然その男と同じテーブルだった。男はビジネスマンで、ワシントンにはやって来たばかりということだった。政府機関との商談があるらしかった。そうしていろいろと話をするうち、男があっけらかんとこう言った。それはそうと、ホテルはどこも一杯ですね、今夜はどうやら公園のベンチで寝ることになりそうだ。B氏は、男のそんな屈託のない人柄に好感を持ち、申し出た。私はちょうどアパートを見つけて落ち着いたところなんです、もしよかったらうちに泊まりませんか。すると男は、そいつはありがたい、と言って招きを受けた。このとき二人の間に友情が芽生え、それが三つ目のチャンスにつながった。一夜の客人は、それから数ヵ月の後、会社の社長となり、そしてその会社の広告を、B氏が一手に引き受けることとなった。これによってB氏は、経済的に安定した暮らしを送ることができるようになったのである。

こうして運のピラミッドは生まれたわけだが、注目したいのはこの運の現われ方である（生きた心と広い心がB氏の人生に好ましいチャンスを引き寄せた、という点も押さえておきたい）。これは多くの例証を分析した結果間違いなく言えることなのだが、こうした運は、そのほとんどが、徐々にではなく一気に姿を現わす。これは例えば、長い間幸せながら淡々と日々を送ってきた人が、突然、飛躍する（あるいは転落する）ということである。つまり、幸運を生むチャンスの連鎖が起こったときは、人生の飛躍のときだと言える。

ここでリンドン・ベインズ・ジョンソン大統領の政治人生を眺めてみたい。氏は二十八歳でテキサス州の下級行政官から下院議員となり、そしてワシントンで、時の大統領フランクリン・ルーズベルトの秘蔵っ子となり、そこからさらに大きく躍進してゆくことになる。この時期の氏の人生には、三つのチャンスが連鎖した。

始まりは、氏の選挙区から出ている下院議員の突然の死だった。後任を決めるために補欠選挙が行なわれることになり、氏は立候補を決意した。でもそれは、経験を積んでおこうという思いからで、勝算はほとんどなかった。候補者は他に九人もいたし、そのなかには有力地方議員も含まれていたからだ。しかしここで二つ目のチャンスがやって来る。ルーズベルト大統領が、連邦最高裁判所の出したある判決に憤慨し、裁判官を十五人に増やす案（最終的には否決される）を議会に提出した。この案に対しては、各州から轟々《ごうごう》たる非難の声が上がった。それはテキサス州でも同じだった。九人の候補者たちは、こぞって反対を唱えた。ところが、そのような状況のなかで、氏は迷うことなく賛成を表明した。氏は大統領をたいへん崇拝していたため、その心に従ったのだ。ささやかながら大統領の力になりたかったのだ。しかしその結果、他の候補者から猛烈な集中攻撃を受ける羽目に陥ってしまう。

候補者たちは演説を行なうたびに、氏の名を持ち出した。もちろん、批判するためである。ところがこれが、思わぬ効果をもたらした。選挙区の人々に、氏の名を印象づけたのだ。この論争によって氏は、だれよりも注目される候補者となったのである。そして、当選した。この顛末《てんまつ》には、百戦錬磨の政治家たちも肝を冷やしたほどだった。

氏は下院議員となった。といっても、ワシントンでは一介の新人議員に過ぎなかったのだが、ここで三つ目のチャンスがやって来て、その存在がワシントンでも認められるようになる。ルーズベルト大統領は短い休暇を取り、メキシコ湾でクルージングを楽しんでいた。ある日、新聞が、大統領は列車でワシントンへ戻るため、ガルベストンの港にヨットを入れる予定である、と報じた。そしてその大統領を、テキサス州の州知事が出迎えるということだった。この記事を、氏のことをよく知る議員が目にし、良い案を思いついて州知事に電話した。最高裁の一件で奮闘した新人議員を、出迎えの人間に加えてはどうだろう、大統領に敬意を表するには、もってこいの男だと思うのだが。

　こうして、氏は大統領に引き合わされた。大統領は氏に興味を持ち、専用列車で一緒に帰らないかと誘った。そしてテキサスを縦断しながら話をするうち、この若き議員に将来性を感じ、ワシントンに着くとさっそく議会の領袖《りょうしゅう》たちに指示した。あれは何事かをやれる男に違いないから、力を試せる機会を十分に与えてやってほしい、と。この時から氏は、大統領への道を着実に歩み始めたのである。

　ジョンソン大統領は、幸運な人生を得るための資質に恵まれていた人物であるから、遅かれ早かれ成功したに違いない。ただ、これほどの躍進を遂げることができたのは、ルーズベルト大統領の力添えもあって好ましいチャンスが連鎖し、それを氏がきちんと認識し、うまく反応したからである。だから運のピラミッドも生まれたのだ。

　一つ幸運が生まれたら、私たちはこう考えても良いかもしれない。私たちは、人生の飛躍のときを迎えたのだと。だから、一つチャンスが味方してくれたら、理性を保ち（ここで勢い込んで無茶な行動に出れば、元も子も失いかねない）、注意力を高めて、次なるチャンスを狙ってみればいい。それはさらなる幸運を生むチャンスなのかもしれないのだから。

▼小さなチャンスを侮らない

さて、幸運のピラミッドを生むようなチャンスの連鎖を期待して、注意力を働かせることは大切だが、その間、私たちは心しておかなければならないことがある。それは、小さなチャンスにもしっかりと関心を向けるということだ。小さなチャンスにも注意し、きちんと扱おうと心がける人は、信用を得ることができる。そして運は、小さなチャンスを無視する有能な人物より、小さなチャンスを大切にする普通の人の方を、たいへん好むものである。

ここで、二人の青年を紹介したい。二人はシカゴの新聞社で記者として働き始めた。同じ時期に入社したということもあり、一番のライバル同士だった。一方の青年のほうは、筆の立つ男で、その才能が手伝って記者として順調な滑り出しをみせた。行方の分からなくなっている子供を取材して読者の心を強く打つような記事を書き、地方記事担当の編集長から称賛と励ましの言葉を受けた。このときから青年は、さらに名を上げることのできるような仕事ばかりを狙うようになった。世間の注目しそうな出来事を担当するときには、自分の才能を見せつける絶好の機会と考え、精力を傾け取り組んだ。しかし、どこにでも転がっているようなありふれた出来事のときは、取材もろくにせず、よって紙面の記事には、表面的な事実ばかりが連なるだけだった。

ジャーナリズムに携わる人間には、どんな些細な出来事からでも何かを読み取ってゆこうとする姿勢が特に求められるものだ。しかし青年にはその姿勢がなかった。そしてある一つの出来事から、不運が生まれた。一人の賭博師が警官に逮捕された。この賭博師は、居所を変えながら賭場を開いては、さいころ賭博を行なっていたのだ。刑事裁判所行きの、ちんけな捕り物劇だ。青年はそう高をくくって事件を無視し、警官にも罪人にも取材さえしなかった。ところが、ライバル社がその二人から話を聞き、そしてそこから警察内部の醜状をすっぱ抜いた。警察内には二つの派閥の抗争があり、その一方が、都市で広く行なわれていた非合法の賭博を黙認し、見返りとして賄賂《わいろ》を取っていたのだ。青年記者はさっそく編集長に呼びつけられ、大目玉を食らった。この一つの失敗によって、上司らの青年に対する見方は変わり、青年のそれまでの手柄も台無しとなり、だれよりも早く出世したいという夢も打ち砕かれた。

さて、もう一人の青年はというと、こちらもなかなか良い記事を書く男だった。でも、才能あるライバルたちのなかでは常にくすんだ存在で、任される仕事も魅力に欠けるものが多かった。しかし、彼はすべてに真剣に取り組んだ。だから仕事にむらがなく、記事には一定の質が保たれた。その堅実な仕事ぶりは評判になった。そしてあるとき、地方記事の副編集長のポストに空きができ、青年はそこに取り立てられた。

華々しさばかりを追い求め、小さなチャンスにしっかりと取り組もうとしない人は、幸運の高みから深い不運の谷へ落ちてゆくかもしれない。それまでの幸運を、無にしてしまうかもしれない。そうして、余儀なく人生をやり直す人もあり、過去の栄光に哀れにすがって生きる人もあるだろう。特別な才能や知力は、人生を豊かなものにする。しかしこれは、人生のチャンスを認識できる資質ではない。私たちの潜在運を豊かにするのは、しばしば訪れる小さなチャンスと、それに注意を寄せようとする心である。

▼決定的チャンスを狙う

チャンスがやって来ると、運の流れが変わることもあり、大きな運がにわかに現われ出ることもあり、小さな運が一つ積み重なることもあるわけだが、私たちはこのようなときに、〝喜びに浮かれ、悲しみに暮れる〟ような状態に陥ることのないよう、心がけたいものである。いたずらに希望を膨らませたり、不安に怯えたりしていれば、周りが見えなくなってしまう。とりわけ、不運の内にあるときは、決定的なチャンスを狙うため、感情に傾くことなく、心に緊張状態を生み、注意力を持続させたい。では、私たちはどのようにすれば、うまく緊張状態を生み、それを持続させることができるのだろうか。その答えを探るために、ここでナポレオン・ボナパルトの幸運の逸話を紹介したい。

これはナポレオンの人生にまだ勢いがあった頃の話である。エジプトに遠征していたナポレオンは、一七九九年、窮地に追い込まれた。ネルソン提督指揮下のイギリス艦隊に海上を封鎖され、フランスとの通信路をことごとく絶たれてしまったのだ。そのためナポレオンの軍隊は本国政府と連絡が取れず、苦戦を強いられることになる。そうして一年ほど過ぎた頃、一つのちょっとした出来事があった。歴史のドラマは、しばしば小さなきっかけから生まれるものである。

捕虜の交換について、イギリス軍との交渉が行なわれた。そのとき、イギリス軍の司令官シドニー・スミスの計らいで、ナポレオンのもとにイギリスの新聞の綴込みが届けられた。それには驚愕《きょうがく》すべき事実が載っていた。フランスの総裁政府が崩壊寸前であるというのだ。敵の新政権樹立を阻止しなければならない。ナポレオンは、軍の指揮を部下に委ね、フランスへ戻ることを決意する。彼はチャンスを狙わなければならなかった。

ナポレオンはチャンスを狙うために、まず体力を蓄えた。そして想像力を働かせて考えた。もし進路を阻むネルソンの艦隊に何らかの動きがあれば、脱出できる可能性はある、と。そこで一つの行動を起こした。密かに指令を出したのである。高速の小型艦を用意してほしい、そしてもしも、封鎖を行なっている敵艦がわずかでも位置を変えるようなことがあれば、すぐに知らせてほしい。そしてナポレオンは待った。そしてチャンスは間もなくやって来た。艦隊に突然の動きがあり、封鎖の壁に隙間が生じたと、海軍の前線将校が伝えてきたのだ。今しかない。ナポレオンは日の落ちるのを待って艦に乗り込み、夜陰に乗じ、封鎖をくぐり抜けた。かくしてナポレオンはフランスへたどり着き、そしてそのまま政権獲得へと突き進んでゆく。

シェイクスピアの有名な言葉がある。

人の世には潮がある
潮騒《しおさい》を聞いたなら人生の航海へ漕ぎ出そう
幸運へ向かうために
悲しみの浅瀬に取り残されないために

ナポレオンの体験は、まさにこの言葉の実例と言えるだろう。ナポレオンは潮騒を聞き、漕ぎ出した。それではなぜナポレオンが潮騒を聞くことができたのかといえば、自分に緊張状態を生んで、高い注意力を持続させたからである。このナポレオンの見倣うべき注意力は、話のなかでも触れたが、三つの力に支えられている。それは、〈体力〉と〈想像力〉と〈行動力〉だ。決定的チャンスを狙うときには何よりもまず、体力を蓄えることだ。適度に食べ、眠り、運動する。そうすれば、神経や筋肉が健全に働き、心身をともに十分な緊張状態に保つことができる。そして、想像力を働かせて起こりうることを想定する。

もちろん、想像通りにゆくとは限らない。なかなか思いようにはならないのが人生である。しかし、想定することで、チャンスに対する心構えができる。つまり、脳から神経と筋肉に指令が送られて、緊張状態が生み出されるのだ。そしてチャンスに備え、何か一つ行動を起こす。この行動は、生み出された緊張状態を持続させる助けとなるだろう。こうして私たちは、自分に緊張状態を生み出し、それを持続させ、注意力を働かせながら、チャンスを待つことができるのである。

望みとチャンス

▼自分を認識する

私たちは、テレビにアンテナを立てるように、自分に注意力というアンテナを立てて、チャンスの波を捉えるのだが、そのチャンスを幸運という姿でスクリーンにきれいに映し出すためには、まだいくつかの資質を働かせなければならない。その資質のなかで、注意力と並んで重要な役割を果たすのが、〈**自己認識力**〉である。好ましいチャンスを認識するためには、私たちはまず、自分を認識しなければならないのだ。チャンスがやって来たとき、私たちは最初に、果たしてそのチャンスは自分の望むものをもたらしてくれるだろうか、ということを考えなければならない。次に、果たして自分はそのチャンスを〝生かす〟ことができるだろうか、ということを考えなければならない。そして、そのことを考え、適切な判断を下すためには、自分の本当の望みと、自分の本当の能力とを、認識しておかなければならないのである。これはチャンスの認識における重要な二つの課題である。

多くの方々から正直に語っていただいた幸運と不運の話からは、こんな一つの結論を導き出すことができる。それは、自分は人生に何を望んでいるのか、ということと、その望んでいるものを得るために自分は何を犠牲にできるのか、ということをしっかりと認識している人は、その辺りがあやふやな人よりも、幸運を生むチャンスをうまく認識しているということだ。

その良い例として、発明王トマス・エジソンの少年時代の逸話を紹介したい。エジソンは十四歳のとき、ミシガン州のサギノーとデトロイトの間を走る汽車のなかで、新聞や雑誌を売っていた。貧しい家庭を助けるためだったが、稼ぎは一週間に二、三ドルほどだった。ある日の午後、いつものように声を上げながら売り歩いていたところ、一人の男が目に留まった。この男は、とても良い身なりをしていて、黒人の召使いを連れていた。そして腕に、半分空になったウイスキーの瓶を、さも大事そうに抱えていた。

「新聞はいりませんか?」。トム少年は言った。

すると男は、少年を頭からつま先まで眺めてから、南部訛《なま》りでこう言った。「坊主、お前そこにどれだけ新聞を持ってるんだ?」

トム少年は、この質問に少々戸惑いながら、新聞を数えてみた。「四十部です」

「ようし」とその南部人は言った。「そいつを全部窓から放っちまってくれ。そうすりゃ汽車のなかも少しは静かになるってもんだ」

トム少年は、一瞬面食らってしまったが、このおかしな依頼に心を動かされた。彼は、学ぶことが大好きで、向学心の強い子だった。特に科学に夢中で、学びたいことが山ほどあった。だから科学の本が欲しいと思っていた。でも買うことはできなかった。日々の稼ぎは僅かだったから、本などに回す余裕はとてもなかったのである。

本を買うお金が欲しい。その一途《いちず》な思いをいつも少年は持っていた。だから、男の言葉を聞いてふと、これはお金を得るチャンスかもしれないと思ったのだ。もちろん男の意図ははっきりとは分からなかったから、一瞬のためらいはあったものの、思い切って、走る汽車の窓から、えいとばかりに新聞を放り出した。

すると男は満足げにうなずき、召使いに言った。「坊主に代金を払ってくれ」

一ドル紙幣をポケットに大事に収め、トム少年は売り物を置いている荷物室へ戻った。あの南部男は、ぼくの売り声を聞きたくないのだ、そして気まぐれな太っ腹だ。トム少年は今度は雑誌を持って、車内をまわり始めた。そして例の男のそばまでやって来ると、ひときわ大きく声を上げた。

「雑誌だよ！　最新版の雑誌だよ！」

男は、酒がまわって、とろんとなった目を、トム少年に向けた。「坊主、雑誌は全部でいくらになる？」

「六ドルです」。トム少年はすぐさま答えた。

「ようし。そいつをそっくり窓から放り出せ！」。トム少年は男に従い、そして男は召使いに金を払うよう言った。

三度目は、売り物のなかで一番儲けの出る、冒険ものなどの小説本を持って行った。すると再び男に呼び止められ、言われるままに放り出し、代金を貰った。

「それで」と、この気前のよい男は言った。「まだ何かを売りにくるつもりか?」

トム少年はいいえ、と言った。「もう、空になったトランクしか残っていませんから」

「それじゃあ」。男は言った。「そいつをもって来て、この窓から放り出せ」

エジソンは、このチャンスから得たお金で本を買い、そしてその本が、本格的な電気の研究への道を開いてくれたのだと語っている。さて、それではどうしてエジソンは、そのチャンスをうまく認識することができたのだろうか。それは、彼がまだ少年でありながら、自分の望みをきちんと認識していたからである。だから、その望みを叶えてくれるチャンスがやって来たときに、そこに潜む幸運を敏感に感じることができたのである。

▼自分を知る心で最良のチャンスを選ぶ

私たちは時々、幾つかの人生のチャンスから、何か一つを選ばなくてはならない場合がある。

そのとき、自分にとって最良のチャンスを選ぶためには、やはりまず、自分が本当に望むものは何か、その望むもののために何を犠牲にできるか、ということを認識しなければならない。人間というものは多くを望みたがり、そのかわりに何かを犠牲にするということがなかなかできないものだが、それでは最良のチャンスを認識できず、最良の幸運を逃してしまうかもしれない。だから私たちは、自分のさまざまな望みのなかで、どれに一番の価値を置くべきかを決める必要があるのだ。

ここで、一番の価値ある望みを胸に、さまざまなチャンスのなかから一つ、かけがえのないチャンスを選び取った女性を紹介したい。彼女はニューヨークのキャリアウーマンだった。才色兼備で、若くして大手百貨店の役員というポストを得た。人の上に立つ仕事はやりがいがあり、面白かった。一方では恋愛もそれなりに楽しんでいたが、考え方が現実的だったから、結婚というものにはほとんど興味を持っていなかった。そんなある日の朝、彼女は、タクシーから降りた拍子にちょっとよろめいて、倒れそうになった。するとちょうどそこに通りかかった男性が彼女を受け止め、助けてくれた。それからしばらくしてからのこと。彼女はその男性と、レストランでばったり出逢った。そして話をした。男性はとても魅力ある人柄だった。だから彼女はしだいに惹かれていった。彼はコネティカット州の小さな町の弁護士で、ニューヨークには仕事でやって来ているということだった。

それから一カ月後、彼女はこの男性と結婚した。これはだれの目にも、突飛な行動と映った。

彼女は、マンハッタンでの高い地位と、お洒落な生活と、華やかな交際関係をすべて捨て、まったく異なる世界で静かに暮らしている男との結婚を選んだのである。友人らは、まるで哀れむように、どうせ続きやしないわよ、と噂しあった。もちろん彼女だって、マンハッタンでばりばり仕事をし、恋愛や社交を楽しむ生活に未練がなかったわけではない。でも、ふと、もっと深い充実感を得ることのできる人生があるはずだと考えたのだ。そしてその判断は正しかった。妻となり、母となって、彼女の心はかつてないほどに満たされ、このうえない安らぎを得ることができたのである。結婚が、求めていた幸せを与えてくれたのだ。こうして彼女が最良の幸運を生むことができたのは、自分が本当に望むものと、それを得るために犠牲にできるものとを認識したうえで、結婚というチャンスを選んだからである。

▼10の基本的望み

私たち人間には、子供は別として、10の〝基本的〟望みがある。

私たちは何よりもまず、「長く生きたい」と思う。そして「健康でありたい」と思う。それから、「異性と交わり、結婚し、子供を持ちたい」と思う。「愛が欲しい」(とりわけ、自分の愛している人から愛されたい）と思う。

何かに「属していたい」（地域社会の一員として、または組織・集団に加わって活動したい）と思う。また、「名声が欲しい」（周りの人々に自分の価値をきちんと認めてほしい）と思う。「経済的に安定していたい」（お金のことであれこれ悩みたくない）と思う。「自尊心を持ちたい」と思う。「自己を表現したい」（自分の才能や力を発揮したい）と思う。そして、「自分の〝信じる道〟を見つけたい」（これだと思う目標を見つけ、それに向かって歩んでゆきたい）と思う。

これらは、私たちの野心や希望や夢や願望の元となる望みである。そして、これらの基本的望みが一つでも二つでも叶えられたとき、私たちは幸運だと感じる。そしてこの望みのうちで、自分が何をどれくらい望んでいるのか、ということについての認識を深めれば、人生のあらゆる場面で、より好ましいチャンスを上手に認識することができる。

どの望みにどのような価値を置くかについての考え方は、人それぞれだ。つまり価値観は違う。ある人は愛により価値を置くかもしれないし、ある人は名声や経済的安定に、あるいは他の物事に、より価値を置くかもしれない。そして、人によって価値観が違うのなら、幸運というものに対する考え方も、当然、人によって違ってくるだろう。

このことを簡単に理解しておこう。原因不明の皮膚病にかかっている、一人の大富豪がいるとする。そしてこの大富豪が、あるとき思いがけず一万ドルを手に入れたとする。私たちなら普通、一万ドルが手に入れば幸運だと思うところだが、大富豪はそれを別に幸運とも思わない。彼にとっては一万が十万ドルであってもほとんど意味がない。ところがある日の朝、大富豪が新聞を開いたところ、ある医者が謎の皮膚病の治療法を発見したという記事が載っていたとしたら。大富豪は、ああ、ありがたい、と思うだろう。なんという幸運だろうと。それが私たちにとっては、何でもない、気にも留まらないことだとしても。

望みと価値観を、大きく性別や世代別で考えてみると、一般的な傾向が見えてくる。例えば、少女たちなら、恋をしたいとか、グループ内で目立つ存在になりたいとか、自分を思い切り表現したいとか、そんな望みを強く持つだろう。性的欲求という点では、キンゼー博士の有名な研究報告によると、女性の場合はだいたい三十代後半にその欲求が最も高まるのだという。男性の場合、この欲望はもっと若いうちにやって来て、それから徐々に、経済的安定や、社会的地位や、名声の方をより望むようになる。熟年期になると、男性も女性も、自分を尊重したいとか、人と信頼ある関係を築きたいなどという望みを強く持つようになる。

しかしやはり、人の望みと価値観というものは、十人十色だ。だから、何をもって幸運とするかについての考え方も、人それぞれのはずである。私たちは、幸運な人生を送るためには、自分の価値観というものを形成してゆかなければならない。これはつまり、幸運というものに対して、しっかりとした自分の価値観を持つということだ。幸運に対する価値観は、親から譲り受けるものでも、人から借りるものでもない。

社会的な力を増すことのできるチャンスがある。しかしそのチャンスを選ぶなら、愛を失うおそれがある。そんなとき、あなたはどうするだろうか？　お金を儲けることができるかもしれない。しかし健康を犠牲にしなければならない。そのときは？　このような選択を迫られても適切な判断を下すことができるのは、自分が何を望み、何を幸運とするのかを、しっかりと認識している人だけである。

ここで、一つ知っておかなければならないことがある。それは、人の望みと価値観は、ときに病的に歪《ゆが》むことがあるということだ。人の心には弱く脆《もろ》いところがあり、悪しき力に支配されてしまうことがある。その力が望みと価値観を歪め、チャンスを正しく認識する力を弱めてしまう。

この幸運を蝕《むしば》む悪しき力には、特に警戒しなければならないものが二つある。それは、〈強迫観念〉と〈欲求不満〉だ。この二つの不安定な心理は、私たちの心を冒し、私たちの人生を破壊してしまう恐れもある。だから、私たちはこの不安定な心に気をつけ、しっかりと抑制しなければならない。

強迫的な欲望と野心

ラルフ・ワルドー・エマソンはかつて、「幸せになれるよう、ほどほどに望みなさい」と言った。これは、私たちの心の戒めとなる言葉である。人の心というのは、何かを望み始めれば、どこまでも果てしなく望みたがるものだ。でもそうして心のままに望みを膨らましてゆけば、いつしかその望みは私たちの手に負えなくなってしまう。

そこで、私たちは自分の望みたがる心に対し、しっかりとした躾《しつ》けを行なう必要がある。これは、私たちが子供に対し、きちんとした躾けを行なわなければならないのと同じことだ。甘やかしは危険である（しかし押さえつけるような厳しすぎる躾けも好ましくない）。「欲しいものはうんざりするくらい欲しいもの」という言葉があるが、弱く愚かな人はこの言葉に心を奪われてしまうかもしれない。そしてやがて欲望にとり憑かれ、幸運を壊す。

ある男性は、たしなみ程度に時どき一杯飲んでいたのが、毎晩一杯か二杯やるようになり、やがて真っ昼間から四、五杯ひっかけるようになり、ついには酒に溺れ、アルコール中毒となった。ある女性は、結婚し、妻としてふさわしいワードローブを揃えたところ、より自分を綺麗に見せたいと望むようになり、やがて夫の収入も考慮せずに服を買い漁るようになり、果ては自己破産寸前に追い込まれ、心の平安まで失ってしまった。シェイクスピアの言う、「水の漏る桶のように、満たしても満たしても満たされることのない欲望」にとり憑かれている人は、その欲望を制圧することができない限り、不運に陥るに違いない。

一方、強迫的な野心は、私たちの心に多くのひびを入れる。ひび割れの入った窓ガラスからは外の物事が見づらいのと同じで、ひびの入った心からはチャンスが見えづらい。ある映画監督は、こう告白している。「ぼくはかつて、一人の名も無いアシスタントが一躍大物プロデューサーへ、といった成功物語を夢み、監督としてハリウッドに乗り込んだ。ところが三年間は鳴かず飛ばず。そこでだ、スターと組んで有名な作品で一発当ててやろうと考えた。それで一花咲かせてやろうってね。だからマイナーな作品や俳優は無視した。ある日、知り合いが脚本を持ち込んできた。でも聞いたこともない無名のやつだったから、僕は目も通さずにそのまま突き返したんだ。ところがそれを、ある監督が映画にし、そしてその監督は、オスカーを手にした。あの映画は、金がかかっていたわけじゃない。主役は無名の子役たちだった。結局、脚本自体がすばらしいものだったのさ。僕は悔やんでも悔やみきれないよ」

彼は、過度の野心のために自分を見失い、夢を叶えてくれたはずのチャンスを認識することができなかったのである。

望みを叶えるために、野心を抱くことは大切である。ただ、その野心を異常に燃やしてしまえば、幻のチャンスを追い求めるようになってしまう。そうして哀れな幻想の世界の住人になり果てると、現実のチャンスは見えなくなる。だから私たちは、野心を抱いてしまったら、同時に、現実を真摯《しんし》に見つめる心を保つよう努める必要がある。野心を遂げるためには、現実の世界にいて、一つひとつのチャンスとしっかり向き合ってゆくことだ。そうすれば、自分にとって本当に価値あるチャンスを見つけてゆくことができる。そしてそうして見つけたチャンス一つひとつに心を注いで、あまり多くを求めることなく取り組んでゆく。このような、ひたむきに現実を見つめた野心こそ、人生の幸運へとつながるのである。

▼お金への欲

強迫的な欲望というのは、過去に満たされることのなかった望みが、姿を変えて現われ出たものであることも多い。精神科医のもとには、とり憑かれたように何かを追い求めようとする心の病を抱える人が、多く訪れるという。こうした人々はたいてい、幼年期に十分な愛情を得ることができなかったため、心の不安定な日々を送っている。そしてその遠い子供時代の、愛に餓えていた心を、大人になっても奥底に持っているのだという。そしてこの不幸な人々は、その心の餓えを満たすために、何かを病的に欲しがるのだという。例えば、権力を欲しがる。

それから、だれよりも多くの知識を得たいという思いに駆られる人もいるという。そして、こうした病的に歪んだ望みのうちで最も一般的なのが、お金への欲である。これは、普通の経済的安定への望みとは違い、お金そのものへの欲であり、お金のためなら、愛や友情や評判や健康を犠牲にすることも厭《いと》わない欲である。

お金に異常に執着する人は多い。お金を使いたくないため、人生を楽しむこともなく屋根裏部屋に閉じこもり、そのまま屋根裏部屋で死亡したという、とんでもない守銭奴の話もある。住居にだけは一応お金をかけて快適に暮らせるよう整え、あとは家の中にじっとして、お金を貯めることだけに喜びを見出す人もいる。また、それなりの貯金と収入があるのに、自分よりお金のある人を見ると、嫉妬し、哀れにも対抗意識を燃やしてしまう人もいる。

多くのことを犠牲にしてまでひたすらお金を求めて、いったい何になるのだろう。彼らは、そんな思いをつかの間でさえ持つこともないだろう。彼らにとってはお金がすべてである。お金を持つことこそが幸福であると思っている。お金が、幸運を意味する。だからなかには、愛や友情や自尊心などというものにはまるで関心を示さずに、ビジネスや株や競馬で当てて、大金を手にすることだけを夢見ながら、いたずらに時を過ごす人もいる。こうした歪んだ望みと価値観（人の判断を狂わせてしまうもの）を持つ人は、好ましくないチャンスに身をさらしているようなもので、詐欺師や株屋や非情な賭博師らの恰好の餌食《えじき》となる。〝一攫千金〟を夢みる貪欲な人の心は、そんな連中の嘘にころりと騙されてしまうのだ。

ただ、お金の虜になっていても、時々、お金を求めることに一抹の虚《むな》しさを覚える人もいる。そしてその心の虚しさを抱えて、精神科医のもとへ行く。だが医者に相談してみても、その多くは虚しさをどうすることもできずに、ただ悲しく首をうな垂れてしまう。それが大金持ちなら、最後は肩をすくめてこう思うかもしれない。結局私は幸せなのだ、なにしろ私は、ゼロが五つも六つも並んだ小切手を切ることができるのだから、と。「私は愛されていないかもしれない。でも、金持ちだ。私は好かれていないかもしれない。でも、金持ちだ。私は孤独かもしれない。でも、金持ちだ。私はつまらない人間かもしれない。でも、金持ちだ」。しかし、このような人の多くが、胃潰瘍になったり、錯乱状態に陥ったり、ノイローゼになったり、自殺したりする。

そしてやっかいなことに、こうした心の病を抱える人々は、しばしばその病を、自分の子供に伝染させてしまう。彼らは、お金こそが子供を幸福にするのだと信じて疑わない。確かに、子供に幸せな生活を与えるためには、お金も必要である。経済的にひどく不安定であれば、子供の心も不安定にする。

また、裕福な家庭の子供が、チャンスに恵まれ、将来を明るく眺めることができるのも事実である。そして、成功し、人生を謳歌《おうか》する者もいる。しかしその一方で、富裕な家の子供たちが、多く、心を病んでいるのも事実なのである。富は必ずしも幸運をもたらすものではない。親が愛情よりも何よりもお金に価値を置き、そして子供にお金を与えることしかしないなら、子供の心は愛に餓え、そしてその心は餓えを満たすために、何かを病的に求めるようになるかもしれない。そうして、不幸が繰り返されることになるかもしれないのである。

▼欲求不満から運を守る

多くの人々の人生を眺めれば分かることだが、人の基本的望みというものは、人生を通じて、どれもが適度に満たされていることが最も望ましい。というのも、十の基本的望みのうち、九つの望みがどんなに満たされていても、残る一つが極端に満たされず、そこから欲求不満が生まれれば、心が不安定になってしまうからだ。

これは、ある男性の話である。男性は小さな田舎町に暮らし、満たされた幸せな生活を送っていた。しかし、あるとき妻が不随になってしまう。そのため男性は、性欲が満たされない状態に陥ってしまった。不満は募ってゆき、とうとう、妻を愛していながらも、夜の街へ出て行った。そしてバーで、女と知り合った。男性は真面目で分別のある男だったが、このときは性欲の衝動を抑えることができず、女と一夜を共にした。ところが、この女は、悪い女だった。卑劣にも男性を恐喝してきたのだ。そして男性は妻を傷つけることを恐れ、女に金を払ったのである。これは、欲求不満と好ましくないチャンスが不運を生み出す典型的なかたちである。不満を抱える心は、チャンスを見抜く力を無くしてしまう。

何かを強く望み、それが満たされなければ欲求不満にもなりやすいから、私たちはとりあえず、基本的望みをすべて〝ほどほど〟に望むよう、心掛けるべきなのだろう。高望みをすれば、身をあやまるおそれもある。だからほどほどに望むということは、幸運な人生を築くための基礎固めともいえるだろう。とはいえ、これはそう簡単にできることではない。現在私たちは、豊かで、人の欲求を刺激するもので溢れる社会に住んでいる。例えば、新しい車や化粧品や豪華な家が、次々に広告され、売り出される。だから、特に若者などは、派手にお金を使ってそれらを手に入れることができればどんなに幸せだろう、と思ってしまう。また現代は人の流れが速く、人との出会いも多いから、多くの魅力的な女性に惹かれもする。私たち現代人はさまざまな刺激を受けるから、より高い生活水準や経済的安定や名声を望みたがる。よって、心が不満を抱きやすくもなるのである。

では、私たちはどうすれば、ほどほどに望むということができるのだろうか。価値観とチャンスの認識力を歪ませる欲求不満を、無くすことができるのだろうか。一番よい方法は、ひと言で言えば、〝補償〟である。これは、心の不満を何かで埋め合わせるということで、この方法は多くの人々の人生で効果的に使われている。ここで、まだ新婚ほやほやのときに陸軍に徴兵され、新妻と離ればなれになってしまった青年の話を挙げてみる。この例は、どのようにして心の満たされない部分を埋めればよいのかを、わかりやすく示してくれる。

青年はこう書き送ってくれた。

「何カ月もの間、最愛の妻であるヘレンと離れていなければならないというのは本当に辛いことでしたが、徴兵だから仕方ありませんでした。だから、なるべくヘレンのことを考えないようにしようと思い、そして気を紛らすために、何か勉強しようと決めました。勉強しておけば、ヘレンとぼくの将来に役立つだろうとも思ったからです。そこで、大学の公開講座で経営学をとったのですが、ここから、とても良い方向に向かうことになりました。仲間の一人が同じ講座をとっていて、その男ととても親しくなりました。彼の父親はフィラデルフィアの近くに大きな養鶏場を持っていて、なかなかのやり手でした。そしてある日その父親が、彼を訪ねてキャンプにやって来ました。二人には、フィラデルフィアに、幾つか直売店を開く計画があったのです。そして、その店の経営を手伝う人間を探していて、ぼくが講座を終えたら、試しに少し仕事をやってみないかと誘ってくれました。ぼくが経営者としてやっていけるようなら、一つ店舗を任せてくれるとの約束もしてくれました。それからぼくたちは暇さえあれば、どう経営してゆくべきかとか、先にどんな障害があるだろうかとか、そんなことをいろいろと語り合い、そしてそのことを、いつもヘレンに手紙で伝えました。こうしてぼくは、気持ちを切り替えることができました。そしてそのことが結局、ヘレンのためにもなったのです」

もし、青年が自分を甘やかしていたなら、望みは叶わないという事実と向き合おうとせずに、現実から逃げ、どこまでも不満を募らせていったかもしれない。しかし青年は賢明だった。彼は、他の大切な望みを叶えるための行動を一つ起こし、そうすることで、不満を埋め合わせたのだ。だから歪みのない、健全で安定した心を保つことができたのである。そしてさらに彼はこの過程で、将来への希望を与えてくれる好ましいチャンスを引き寄せている。

幸運な人生を送るためには、自分が何を望んでいるのかを知ることが大切である。そして、それをとりあえず〝ほどほど〟に望み、心に不満を持たないよう心がけることが大切である。それでも心がどうしても望み、そして不満が生まれたなら、その不満を何かで埋め合わせることが大切である。それからもう一つ、埋め合わせを行なう一方でしっかりと世の中を見つめながら、不満を解消してくれるような好ましいチャンスを探すこともまた、大切なことだろう。

能力とチャンス

▼チャンスに対応する能力

チャンスがやって来たら、まず私たちは、そのチャンスが自分の望むものをもたらしてくれるだろうか、と考えなければならない。そして、もたらしてくれると判断したら、次に、そのチャンスに自分がうまく応じることができるだろうか、と考えなければならない。果たして私には、このチャンスを扱う能力があるのだろうか、と。

チャンスというのは、それを扱う能力のある人が応じれば、幸運を生みやすい。しかし、それを扱う能力のない人が応じれば、不運を生むおそれがあり、むしろ危険である。もし私たちが、自分の能力を現実的にきちんと認識しなかったら、応じてはならないチャンスに応じてしまうかもしれない。それは、たいへん無謀で、人生に破滅さえ招きかねない行動である。

自分をめいっぱい活かし、そして、背のびをしない。これは、幸運の人生を送るための心構えの一つである。精神的にも、肉体的にも、経済的にも、実力以上のことをやろうとすれば、不運を招く。たとえ望みを叶えてくれるかもしれないチャンスでも、既成の幸運でも、それを扱う能力のない人にとっては、たいへんな重圧となる。

これは明白な事実なのだが、なかなか理解されないところらしく、身のほどをわきまえずにチャンスに応じて哀れな結末を迎えた人に関する私のファイルは、ずいぶん厚くなってしまった。ある男性はチャンスに飛びついて高給の仕事を得たが、その仕事に相応する力がなかったため、二カ月足らずでクビになり、しまいには、もともとの仕事よりも条件の悪い仕事をする羽目になってしまった。ある若いプロボクサーは野望に燃え、敵《かな》うはずもない相手と対戦し、さんざんにパンチを食らい、脳に障害を起こし、廃人同然になってしまった。ある女性は酒乱の男を好きになり、きっと自分が矯正できると信じて結婚したが、結局どうすることもできず、とうとう自分が精神を病み、療養所へ入ってしまった。ジョージア州のある色男は、富豪の娘と結婚し、それまでとはまるで違う、ヨットや高級車に囲まれた豪奢《ごうしゃ》な生活を送るようになり、好い気になって、スペインの山稜でレーシングカーを飛ばし、事故に遭い、死んだ。

ここで、ゼネラルモーターズ帝国を建設し、二十世紀初頭のアメリカ財界の大立者の一人となった、W・C・デュラントの話をしたい。彼の数奇な人生は、自己認識というものがいかに運に係わってくるかということを如実に物語る。その人生には、大きな二つの転機があった。最初の転機は、自動車の時代が到来する以前、デュラントの青年時代にやって来た。若きデュラントは仕事を探していた。自分には販売の仕事が向いているということが分かっていたから、何かを売る仕事に就きたいと考えていた。何を売るかについては特にこだわりはなく、売れる物なら何でもいいと思っていた。ある日のこと、ミシガン州の小さな町の工場が人を募集しているというので行ってみた。しかしもう採用される人は決まってしまっていた。それでがっかりして、とぼとぼと駅への道を戻っていたところ、一台のバイクがすっと走ってきて、横に止まった。そして運転していた男が、乗せてやろうか、と言ってきた。それは乗り心地が良く、軽量で、頑丈で、それまでに見たこともないような、すっきりとした流線型の、たいへん格好のよいバイクだった、と後にデュラントは語っている。男が、こいつはこの町で造っているんだ、と言った。それを聞いたデュラントは、これこそ自分の売るべき物だ、と感じた。彼は駅へは戻らず、工場へと向かった。

工場は今にも倒れてしまいそうなぼろい建物で、「売ります」と書かれた看板がぽつんと表に掛かっていた。デュラントは工場主を探し、販売員として雇ってくれないかと頼んだ。すると素気ない返事が返ってきた。販売員？ ほかを当たりな、うちはもう閉鎖するんだ、こう景気が悪くっちゃどうしようもない。広告？ もちろん出したさ、でもまるで効果はなかったよ。そこでデュラントは広告を見せてもらったのだが、それは、消費者の買う気を誘うような魅力あるものではなかった。もっとじょうずに宣伝して売りこめば必ず売れる。デュラントはその思いを強くした。そして心を決め、工場とバイクを製造する権利を買い取りたいと申し出た。それから一時間で工場主を口説き落とし、資金の工面がつくまで待ってもらう約束も取り付けた。これはまさにデュラントの望みを叶えてくれるチャンスだったし、彼にはうまくやる自信があった。

デュラントは、ドートという富豪の出資者を得て、会社を買収した。そして販売部門の責任者となって手腕を発揮し、売り上げをぐんぐん伸ばしていった。それからさらなる利益を求め、自動車に改良を加えながら積極的な販売活動を行ない、市場を広げていった。こうしてデュラントはたちまちのうちに巨万の富を生み出し、自動車産業という新たな分野の実力者となって、ゼネラルモーターズ社を設立し、その初代社長に就任した。

これまでデュラントは、いかに宣伝し、いかに売るか、という販売促進活動に力を傾けてきた。しかし、社長となった今、彼は新たな世界へ足を踏み入れることになった。目の眩《くら》むような変化と刺激のうちにある、金融取引という世界である。ここでは、膨大な社債と株が動いた。また、株式投機によって莫大な利益——あるいは損失が生まれもした。そういったチャンスに溢れる世界だった。そしてこのときから、デュラントの人生はそれまでの勢いをにわかに失い、下降の一途をたどることになる。デュラントは、極めて複雑である財務管理や株式売買を綿密に処理できるような性質の人間ではなかったのだと、彼と親しい付き合いのあった人々は語っている。また、ウォール街の微妙な市場操作を読むこともできなかった。デュラントは好ましくないチャンスに次々と手を出し、やがて訪れた株価の下落にともない、自分でも訳の分からないうちに、持ち株の大半を売却することを余儀なくされた。そして社長の地位を追われ、ゼネラルモーターズ社を去った。

その後しばらくしてからのこと。ウォール街の知人が、会社の経営権を奪還する策があると言って、デュラントのもとを訪れた。それは、デュラントが扱えるはずのないチャンスだったが、彼はまたも自分の能力を買いかぶり、それに応じた。そして、残る僅かな財産をも失ってしまった。これらの人生の失敗は悲惨な記憶となって、デュラントを死の瞬間まで苦しめることになる。

チャンスからの要求に応じられるか

デュラントは、むやみにチャンスに手を出して、失敗した。ところが世の中には、同じようにむやみにチャンスに飛びつきながら、成功する人もいる。マーク・トウェインはかつて、「己を知らぬがゆえに己に自信を持つ人は、成功する」と言った。なんとも皮肉な言い方だが、これもまた真実なのである。しかし彼はその後で、こんな言葉を付け加えている。「なぜ人が、無知より生まれる自信からチャンスに応じ、そして成功するのかといえば、結局その人が、チャンスからの要求に応じることのできる能力を持っているからである」

ここで、一人の女性パイロットの経験談を紹介したい。これは彼女がまだ、パイロットの卵だった頃の話である。ある日、初めての飛行訓練が行なわれた。そして順調に飛行を終えて地上に戻ってきたところ、教官が呼び出しを受け、すぐに飛行機を降りていってしまった。それで彼女は、まだエンジンのかかった状態の飛行機に一人残されたのだが、そのときふいに、とんでもないことを思いついた。ちょっと一人で飛んでみようかしら。そして、本当に飛んだ。そして、無事に着陸した。今や経験を積み、一人前のパイロットとして大空を飛んでいる彼女は言う。「あのときのことを思うと、今でも身震いしちゃうの」

確かに彼女は無鉄砲だった。しかし、一人で飛行機を飛ばして無事に着陸させるということをやってのけた。それではなぜ、彼女が無謀であったにもかかわらず、災難を招くのではなく、成功したのかといえば、マーク・トウェインの言う通り、彼女が、チャンスから要求される力を持っていたからに他ならない。ある男性は、友人に、自動植字機を製造販売する事業を起こすから一緒にやらないかと誘われ、その計画にすっかり夢中になり、資金を出して経営に参加することを決めた。しかしこの男性の場合は、無知より生まれる自信は持っていたが、チャンスからの要求に応じることのできる力は持っていなかった。男性にはビジネスの才能はなかったのである。だから最後は破産した。

チャンスというのは、応じる人の能力によって、このうえない幸運の実りを生みもするし、たいへんな不運を招きもする。だから私たちはやはり、チャンスがやって来てもむやみに手を出すべきではない。まずはチャンスからの要求を知り、そしてその要求に応じられるかを見極めなければならない。とはいえ、人というのは間違いを犯すものであるから、好ましくないチャンスに応じて、失敗してしまうこともあるだろう。そのときは、その失敗から学んで、自分の能力への認識を深めればいい。私たちは、失敗しながら自分を知ってゆくものである。

ところで、〝なせばなる〟という言い方があるが、これはしばしば私たちを誤った方向へ導いてしまう。何度もの失敗から、能力がないという悲しい事実を知っても、それを受け入れることを拒み、また何度も同じ失敗を繰り返してしまう人がいる。このような人は、幸運と自分とを隔てる岩の壁に、哀れにも頭からぶつかり続けているようなものだ。ぶつかり続ければ、いつか岩を割ることができると信じて。私たちは、人生にはそのような奇跡は起こらない、ということも知っておかなければならない。

それから、チャンスからの要求を知る必要があると申し上げたが、要求が何であるのかを追究しすぎると、その要求がとんでもなく難しいことのように思われてくることがある。そうなると、たとえ能力があっても自信を失ってしまい、チャンスに応じることを躊躇《ちゅうちょ》し、そして幸運を逃してしまう恐れがあるので気をつけたい。

例えば、ゆで卵を作る、といったごく簡単な作業さえ、見方によっては大層なことのように思えてくるものである。あるシェフが、真剣な面持ちでこう語った。

「皆さんは、ゆで卵など簡単に作れるとおっしゃいます。確かに、ゆで卵は、卵を茹でさえすればできるわけです。でも、おいしいゆで卵を作ろうと思ったら、話は違ってきます。お客様はだいたい、半熟を好まれます。黄身のとろりとしたものです。この、黄身のとろりとしたゆで卵は容易にはできませんよ。まず、鍋に卵が十分隠れるくらいの水を入れ、火にかけ、沸騰させます。卵は必ず、沸騰してから入れなくてはなりません。それから、卵は鍋に入れる前に、お湯につけて温めておかなくてはなりません。そうしておかないと、沸騰した湯に入れたとき、殻が割れてしまうからです。また、鍋に入れる前に、卵の大きさと温まり具合から、ゆで時間を決めておかなくてはなりません――だいたい三分半から四分半くらいです。そうして茹でて鍋から取り出したら、余熱で黄身が固まってしまわないよう、冷水にくぐらせなくてはなりません。そして、すぐにお客様にお出しします。ゆで卵を作るには、技が必要なのです」

なるほどそうなのかもしれない。しかし、ここまで仰々しく考えてしまうと、自分にはできそうもなく思われてきて、ゆで卵を作ることを諦めてしまうかもしれない。そうしたら私たちは、朝食にゆで卵を楽しむことができなくなってしまうのである。

▼潜在能力

私たちは、たいていそれぞれに、いくつかの〈潜在能力〉というものを持っている。この能力は開発することができ、その開発した能力によって、それまでは扱えないと思っていた事柄を扱えるようになることがある。例えばある配管工は、仕事をしていたところ、石工から、人手が足りないから手伝ってくれと頼まれた。経験のない仕事なので戸惑いながら始めたところが、すぐにコツを掴んで、本職の石工にも負けないくらいの仕事をした。この配管工の場合は、扱ったのが配管と同じく手先で物を扱う職人仕事だったということもあり、実にすんなりと能力が引き出されている。

私たちは、潜在能力を開発することができる。そしてこれは、人生を通じて言えることである。つまり私たちは、いつまでも変化してゆくことができるのだ。だから、私は所詮この程度の人間だなどと、簡単に自分を見限らないでいただきたい。

劇作家ジョージ・バーナード・ショーはある戯曲で、登場人物にこう語らせている。「奴のことを一番よく知っているのは、奴の仕立屋さ。だって仕立屋は、会うたびに奴の寸法を取りなおしているだろ」。私たちは、体の寸法と同じく、能力の寸法もそのつど測りなおして、今の自分を知る必要があるということだろう。

私たちは、潜在能力に頼ることができる。ただしそれは、自分には能力が潜在していると信じられる、何らかの根拠がある場合である。何の根拠もないのに、自分には能力が潜在するのだと信じ、それに頼ってチャンスに手を出せば、たいていの場合不運な結末を迎える。

その典型として、ある小さな町の牧師を例に挙げる。牧師は五十の坂にさしかかった頃、一つの思いを強く持つようになった。牧師は少年の頃から、大作家になりたいという夢を抱いていた。しかしその夢は、夢のままで終わっていた。自分で書いたものが本などのかたちで世に出たことはなかった。だいたいそういう話以前に、今まで礼拝の説教以外これといったものを書き上げたことがなかった。でも、と牧師は考えるのだ。一、二度、小説を（序章だけ）書いたことはある。芝居の脚本を（最初の一場面のあらすじだけ）書いたこともある。それに本をたくさん読んでいるし、演劇もたくさん観ているから、芸術に関して広い知識を持っている。それに説教をすらすらと綴ることができるから、文才はあるはずだ。だから私は大作家になれるのではないだろうか、いや、なれるはずだ。こうして牧師の心に、再び夢がむくむくと膨らんできたのである。

そんなある日のこと。教区内で、一人の若い女性が自殺した。女性は痴情のもつれから男を殺そうとし、そしてその果てに、自らの命を絶ったのである。牧師はこの衝撃的な事件に創作意欲を掻き立てられた。この男と女の愛憎を、三幕物の劇に仕立てよう。クライマックスは、若き女の死。これならブロードウェーで大当たりするに違いない。

これは、満たされない望みを叶えてくれるチャンスだった。そして牧師は、自分には芝居の脚本を書くだけの力があると思った。不幸にも、そう思い込んだ。そこで半年の間、教会を別の牧師に任せ、創作に専念することにした。しかし、脚本を書くということは想像をはるかに超えて難しく、筆は思うように進まなかった。そしてすぐに書くことが嫌になってしまった。それでも世間への見栄があったから、一応結末まで書き上げた。しかしその作品は、ブロードウェーのエージェントやプロデューサーからは、まるで相手にされなかった。

牧師は、まったくお粗末な脚本しか書くことができなかったのだ。そして芸術作品というのは、生半可な力では創り出せないのだということ、説教を書くのとはわけが違うのだということによらやく気づき、自分には能力がないこと、作家にはなれないのだということを悟った。そうして、教区へ戻った。ところが、教区の人々は代理の牧師の方に信頼を置くようになっていた。だから牧師は、別の土地へと去らざるをえなかった。

▼潜在能力を引き出す

私たちは、自分の持っている能力が一つでも多ければ、そのぶん多くの物事が扱える。だから、自分に潜在する能力に気づいて、それを開発するなら、より多くの好ましいチャンスに応じることができるようになる。

潜在能力に気づくための方法は幾つかあるが、その一つは、周りの人と自分とを比較する、という方法である。ニューヨーク州の州知事、アルフレッド・E・スミスは、まだ若く、政治家としての道を歩み始めたばかりの頃、次回の党大会で演説をするようにと命じられた。彼は憂鬱《ゆううつ》になった。断れるものなら断ってしまいたかった。というのも、自分はあまり弁が立つ方ではないと思っていたからだ。ところがある日街を歩いていると、同じ民主党の新人議員が街頭演説をしているところに出くわした。その議員は、同じく大会で演説をすることになっていたので、足を止め、演説を聞いてみた。「それがひどいものだったんだ」と、そのときを振り返ってアル・スミスは言った。「それで、俺ならもっとうまい演説がやれると感じた。そしてもっと自分に自信を持っていいんだと思ったんだ」

他の人が物事を扱う力の程度を見極めて、それから客観的に自分を眺めてみると、自分の力が見えてくるものである。そうして、自分には能力があると判断できれば、私たちは自信を持って、チャンスに応じることができるのだ。

二つ目は、疑似体験、という方法である。この方法を具体的に理解するために、イリノイ州のジェームズ・ハミルトン・ルイス上院議員の青年時代の話を紹介したい。青年には、弁護士になりたいという夢があった。また、政治の世界にも興味を持っていた。そんな青年のもとに、法律を学ぶことのできるチャンスがやって来た。ところが友人や親戚は、彼が弁護士の道へ進むことに反対した。「お前は、頭はいいんだが」とそのうちの一人は言った。「でも、押し出しが良くない。お前のようなやつが弁護士として法廷に立てば、陪審の心証を悪くしかねない」。青年は、ずいぶんな言い草だと思ったが、よく考えてみると、残念ながらその指摘は当たっているように思われた。彼はお金がなかったから、いつも冴えない貧相な格好をしていた。身なりの負い目もあってか、性格に少々いじけたようなところがあり、そのせいで初めて会う人などにはあまり良い印象を持ってもらえないのだった。しかしそれでも、一流の弁護士となって活躍したいという思いを捨てることはできなかった。

その彼が、一つの体験をした。ある日、イリノイ川を客船に乗って下っていて、デッキの手すりにもたれたところ、どうしたわけかその手すりが折れてしまい、川に落ちてしまった。船が止まり、ロープが投げられたので、それにつかまってデッキに這い上がった。彼はぐしょ濡れだった。船客たちはそれまでは心配げな顔で成り行きを見守っていたのだが、這い上がってきた若者の、その濡れねずみになった姿を見ると、おかしがって笑った。彼は自分が惨めでならなかった。すると、一人の年輩の紳士が同情して話し掛けてきて、彼が着替えを持っていないことを知ると、自分の個室へと連れていった。そして、私は結婚式に出席してきた帰りでこれしか持っていないのだが、と言いながら、スーツケースから服を取り出して彼に渡した。青年は困惑してしまった。というのも、渡されたのが、フロックコートに縞《しま》のズボン、それにシルクハットだったからだ。こんな正装でデッキに戻れば、また物笑いの種になってしまう。そう思うとたまらなかった。でも、それを着るよりほかはないのだった。

青年は立派な衣装に身を包んだ。そして心を決め、肩を張り、できるだけ取り澄ましてデッキへ向かった。その途中、何人かの客とすれ違った。皆、彼をじっと見ていった。しかし、どうもその客らは、ばかにして見ているわけではないようだった。それどころか、どこか感心したふうに彼を眺めているのだった。実は、皆は彼のことを、なんと上品で堂々とした紳士だろう、と思っていたのである。その紳士が、あの安物の既製スーツに身を包んでおどおどしていた若者だとは、夢にも思わなかったのだ。その後、彼は何だか自信がでてきて、数人の客と話をしてみた。すると、話しぶりまで何だか明るく堂々としてきた。だからだれもが彼に好感を抱き、彼の話に熱心に耳を傾けてくれた。

「服は人を作らない、という言葉があるけれど」と、ルイス議員は後に語っている。「私は服によって自分を引き出し、変わることができました。そしてそのとき確信したんです。服は弁護士を作る、とね」。そして弁護士を目指して勉強を始めた。またこの体験をして以降、使えるお金はすべて衣装につぎ込んだ。こうして彼は弁護士となり、やがては政治家となって、シカゴとワシントンで活躍することになる。彼はいつも、りゅうとした姿で陪審や有権者に向き合いながら、成功を収めていったのである。

▼第三者からの評価

ルイス議員は、船の上での偶然の疑似体験によって自分の思わぬ能力を発見し、自信を持ってチャンスに応じ、成功した。しかし、こうした疑似体験というのは、いつでも簡単にできるわけではない。そこで、もっと日常的に自分の能力を知る方法を一つ紹介しておきたい。それは、第三者からの評価に耳を傾ける、という方法である。

チャンスに応じるかどうかを決めるときには、自分の能力に対する第三者の評価も大切にしたい。なぜなら、自己評価というのは、とかく偏りやすいからだ。

ここで、あるけなげな娘と、その両親の話をしたい。両親は、娘にはピアニストとしての天賦の才能があると信じていた。娘にもそう言い聞かせながらピアノを習わせてきた。そしていつの日か、娘が有名なピアニストになることを願っていた。だから娘も自然、ピアニストになることを強く夢見るようになっていた。あるとき、不動産屋を営む父親が、コンサートホールのマネージャーから依頼を受けた。そこで良い物件を紹介して話をうまくまとめると、マネージャーにこう持ちかけてみた。「おたくのコンサートホールで、うちの娘にリサイタルを開かせてやってくれませんか。もしそう取り計らっていただけるなら、仲介手数料は無しにしますよ」。そこでマネージャーは娘のピアノを聴いてみた。しかし娘はまだ未熟で、とてもリサイタルを開けるほどの腕ではなかったから、そのことをはっきりと一家に伝えた。しかし、両親からは、そこをなんとかと懇願され、娘からは、リサイタルを開くのは夢だったんですと訴えられた。マネージャーにとっても、仲介料を払わずに済むというのは魅力だったから、とうとう、そこまでおっしゃるならと肩をすくめ、頼みを聞き入れた。

不運は、すぐそこまでやって来ていた——娘の能力に対する両親の偏った評価が不運を招いてしまったのである。リサイタルは開かれた。しかし、大方の予想通り客は集まらなかった。そして音楽雑誌で酷評された。そのため、可愛そうに娘は神経がまいってしまい、悲しみのあまりピアノを弾くことができなくなってしまった。

もちろん、外からの評価がすべて正しいとは限らない。しかし、他人の意見を聞こうとする積極的な心は、常に持っているべきだろう。そうすれば、自分の力を客観的に眺めることができるようになる。その客観的な判断に基づいて応じたチャンスからは、大きな幸運も生まれやすい。その例証として、ある若い男性を紹介する。彼は、ニューヨークでの高給の仕事を辞め、全財産をはたいて、コネティカット州の丘陵地に農園を買った。そこには都会の生活にはない幸せがあるはずだと思ったのだ。そしてきっと暮らしを立ててゆくこともできるだろうと考えていた。

しかし、現実はそう甘くはなく、幾月か経つうちに、彼も妻も農園を営んでゆくことの苦労を知った。生活は不安定だった。そして土から生活の資を生み出してゆくためには、心身の強さと地道な努力が必要だった。将来への不安は募っていった。しかし二人は、辛い生活のなかでも明るさを忘れなかった。また友人らがちょくちょく農園に遊びに来てくれた。それは夫婦にとってたいへん嬉しいことだった。だから皆を歓迎して、温かくもてなした。ある日、やり手の実業家である友人はこう言った。「ぼくはここに来ると心からくつろげるよ。君は人をもてなすのがうまいからな。だからまた来たいと思ってしまうんだ」。そして、いっそここをペンションにしたらどうだろう、君だったら主人としてうまくやれるだろう、こんなふうに迎えられ、もてなされるなら、だれだってお金を払ってでもまた来たいと思うはずだよ、と。この意見には、そこにいた者すべてが頷いた。

彼はそれまで、ペンション経営など考えたこともなかった。でも、友達が太鼓判を捺してくれた才能を頼みに、やってみようと決心した。彼は広告を出した。すると数人の客が来た。客は、彼の演出する家庭的な雰囲気を気にいってくれた。そして知り合いにも勧めてくれた。評判は少しずつ口コミで広がった。彼は農園を生かした開放的で雰囲気ある場所作りに取り組んだから、やがて、週末に気軽にリゾート気分を味わえるペンションとして、人気を集めるようになった。彼はこのようにして、ペンション経営という道を開いたことにより、安定した暮らしを得ることができたのである。

▼自分を信じる心

私たちは、比較をしたり、擬似体験をしたり、第三者からの評価に耳を傾けたりしながら、自分の能力に対する認識を深めることができる。そして、人生のチャンスをより正しく認識することができるようになるわけだが、こうした過程で、私たちには、一つ大切にしておかなければならない心がある。それは、〈**自分を信じる心**〉である。

ただ、この心は、私たちの人生に悪い影響を及ぼすこともある。ある男性は青年時代、自分の演技の才能を固く信じ、名優になることを夢見ていた。しかし何もかもことごとくうまくゆかずに挫折した。そしてあまりにも強く自分を信じていたがために、それから二十年たった今も挫折感を引きずっている。

このように、自分を信じる心は好ましくない働きをすることもあるのだが、次のような例は、自分を信じるということの大切さを、私たちに教えてくれる。キャサリン・コーネルは、まだ若い下積みだったころ、舞台の稽古中、監督に〝大根役者〟と罵られ、才能がまったくないと断言された。でも彼女は、自分の将来は舞台にあることを信じていたから、ひるむことはなかった。そしてそれから数年の後、彼女は舞台の上で観客の喝采《かっさい》を浴びることになるのである。

自分を信じる心がなければ、第三者からの間違った評価を撥《は》ねのけることはできないだろう。一九二〇年代、広報のスペシャリスト、アイビー・リーのもとに、二人の若い出版業者がやって来た。二人は、新しいタイプのニュース雑誌を作る計画を持っていた。記事は簡潔にまとめます、そのかわりに写真をふんだんに掲載します、そうして視覚に強く訴えて読者を引きつけるのです、と若者らは目を輝かしながら語った。「それでぼくは言ったんだ、そんなものはまず売れないだろうとね」と、リーは自嘲気味に告白した。「それに内心、まだまだ青いな、と思ったよ。でもあいつらは希望と自信に満ち溢れていた。だから、ぼくの助言になど聞く耳を持たなかった――まあ、結局のところはそれでよかったんだがね」。そして二人の若者、ヘンリー・ルースとブリトン・ハッドンは、『タイム』を創刊した。

このように、本当の能力と、自分を信じる心とを持つ人は、力強く幸運を生み出してゆく。

ところで、世の中には、自分を天才か異才と信じこみ、大それた望みを抱いてチャンスを狙おうとする人もいる。

かつて、ある若き作曲家が、モーツァルトに言った。「モーツァルトさん、ぼくにはきっとシンフォニーが作れると思います。だからひとつシンフォニーを作ってみようと思うのですが、いったいどうしたら、シンフォニーというのは作れるのでしょう?」

「きみは、シンフォニーを作るには若すぎるよ」とモーツァルトは優しく言った。「まずは、バラッドから始めてみてはどうだろう?」

若い作曲家は少々むっとして言い返した。「でもあなたは十歳でシンフォニーを作ったではありませんか」

「ああ、そうだね」。モーツァルトは言った。「でもぼくは、作り方など尋ねはしなかったよ」

この若い作曲家のような人が持つ自分の才能への自信は、単なる夢想の産物にすぎない。〝やり方〟など知らなくとも偉業を成し遂げるのが天才というものである。自分を信じる心は、私たちを大きく幸運へ導いてくれる。ただ、その心は、浮ついたものであってはならず、自分の力を深くしっかりと見つめ、理解する心でなくてはならない。そしてチャンスは、本当の望みと、本当の能力とを持って応じてくる人にだけ、幸運を約束してくれるのである。

チャンスを判断する

▼チャンスの危険性

チャンスのなかには、幸運を生む可能性とともに不運を生む可能性も必ず内包するチャンスというのがある。その不運の可能性は、例えば私たちが自分の望みや能力を正しく認識したうえでチャンスに応じたとしても、変わることはない。このことを、簡単にポーカーを例にとって考えてみよう。五枚の札が配られて、そのうちの四枚が同じ組だったとする。もう一枚揃えばフラッシュである。私たちは、勝負に勝つという望みを持っているわけだから、このチャンスに応じるだろう。そして私たちには応じる能力もある——とりあえず、私たちが良いプレーヤーだということにしておく。そして必要のない札を捨て、フラッシュを期待して一枚引く。このとき私たちは勝負に勝つかもしれない。しかし、負ける可能性も大いにある。つまりこのチャンスは不運を生む可能性を内包しているのだ。この可能性は、〈チャンスの危険性〉と言ってもいいだろう。

ポーカーやルーレットやさいころ遊びなどの〝ゲームにおけるチャンス〟というのは、だいたいこの類のものである。もちろん日々の生活のなかにもこういったチャンスは存在する。そして世の中には、必ず不運しか生まないチャンスもある。私たちは、仕事を選んだり、結婚を決めたり、投資を考えたりするときは、不運に陥らないために、チャンスの危険性を判断する必要がある。

人生で勝利を収めた人々が自分の幸運について語るとき、彼らはたいてい、〈判断力〉という言葉を口にする。そして、さまざまな人生のチャンスに対する私の判断は正しかった、と。判断力のある人というのは、透き通ったチャンスの海の上にいるようなものだろう。だから海中の幸運と不運を上手に識別し、飛び込み、アラビアのことわざにあるように、〝口に魚をくわえて〟浮かび上がることができる。一方、判断力に欠ける人というのは、不透明な海にいるようなものだ。だから、飛び込むと、隠れていた不運の岩に身をたたきつけてしまうことも多い。大実業家ジュリアス・ローゼンウォールドはこう語っている。「私を成功へと導いたのは、九十五パーセントの幸運と、五パーセントの能力である」

能力を謙虚に評価した言葉ではあるが、大きな成功を勝ち取った人々が判断力というものに重きを置いているという事実から、この言葉を考えてみると、〝九十五パーセント〟が幸運ということは、さまざまな人生の状況に対する彼の判断力がいかに鋭かったかということが言えるのではないだろうか。

判断力というのはよく、「心の目」と喩《たと》えられる。ローゼンウォールドのように大きな幸運を生み出した人物は、人生のチャンスに対する慧眼《けいがん》の持ち主だといえるだろう。しかし、こうした人物がいる一方で、いつも判断を誤り、そして愚かな行動を繰り返してしまう人もいる。だが、そのような人も、自分の判断力のなさを嘆くことはない。私たちは幾つかの簡単な方法によって、判断力のある人になれるからだ。誤った判断を繰り返す人の事例を研究すると、彼らの心にはいくつかの不安定な感情が入り込んでいて、それが判断を歪めていることが分かった。その不安定な感情とは、〈退屈〉〈不安〉〈自信〉の三つである。この不安定な感情から判断力を守るための心構えを次のようにまとめる。〝退屈した心を戒める〟〝不安な心を考慮に入れる〟〝自信を持ちすぎる心を抑える〟、この三つの心構えを、幸運への道しるべとしていただきたい。

▼なぜ退屈した心は不運を招くのか

まず一つ申し上げておきたいことがある。それは、私たちは幸運へ向かっているときでも退屈した心を持つことがある、ということだ。さらに充実した人生を求め、積極的な心で何かを行っているときでも、一種の退屈を覚えるのだ。

例えば、私たちはピアノを上手に弾けるようになろうと思い、単調な練習を繰り返す。聖書やプラトンの哲学やダンテの詩の心を知りたいと思い、その一節一節をひたすら読んでゆく。そこには一種の退屈がある。また、結婚生活を守ろうと思い、日々夫婦は会話をする。たとえそれが退屈なものであっても。しかし、普通私たちが言う退屈というのは、こういった、目標を目指す過程で覚える類の退屈ではない。私たちが生きた心を失ったところから覚える退屈である。これは、怠惰な心から生まれる退屈と言ってもいいだろう。このような退屈を覚える人は、自ら積極的に何かを行なうことをせず、ただ、毎日、何かどきどきするようなことはないかなあ、わくわくすることが起こらないかなあ、などと思い暮らす。だから、スリルを味わえそうなチャンスには目がない。それがどんなチャンスだろうと、危険性など考えずに、見境なく飛びつきがちである。

退屈した心を持つ人は、盲目的だ。その典型としてある一人の娘を例に挙げる。娘は、妻子のある四十がらみの男と駆け落ちした。見た目がよいというわけでもなく、これといった取り柄があるわけでもない、凡庸《ぼんよう》な男だった。そして娘はすぐに後悔し、ばからしくなって、悲嘆に暮れていた両親のもとへ戻ってきた。「どうして駆け落ちなんてしちゃったのかしら。あのひとのことなんて、ちっとも愛してなかったのに。きっとあたし、正気じゃなかったんだわ」

そんなことはない。娘は、正気を失っていたわけではない。ただ単に、退屈だったのである。

これは悲しい事実だが、若気の過ちというものは多く、退屈した心から引き起こされる。退屈した若者は、退屈した心で日々をさまよう。だから何かぞくぞくした気分を味わえそうなチャンスがあると、飛びつく。それが危険なチャンスかどうかということなど、考えもしないで。

もちろん若者に限らず、分別盛りの大人でも、退屈した心を持つ人は同じような行動をとってしまう。とりわけ、退屈に加えて孤独感を抱える人々は不運に陥りやすい。このような人々は、人というものを無性に恋しがる。だれかにかまってもらいたいと思う。だから悪い人間にひっかかりやすい。ニューヨークに観光でやって来ていたある男性は、自ら進んで詐欺師に騙された。この詐欺の被害者がそのときの心境を語ると、滅多なことでは驚かないニューヨーク市警の警官らも、開いた口が塞がらなかった。「すぐにぴんときたんですよ。この人はぼくを騙そうとしているなとね。でもとてもいい人だったんですよ。それにぼくも話し相手ができてとても嬉しく、楽しかったんですね。それでまあ、このまま騙されて、お金を奪られてもいいかなあ、なんて思ってしまって」

詐欺は、このような心理に付け込む。そして、ペテン師やいんちき商人が世間にはびこっているという事実は、退屈した心を持つ人がいかに多く存在しているのかを物語っている。退屈した人々は、親しげに近寄ってくる見知らぬ者の甘い約束に胸をときめかせ、それを無批判に受け入れる。

いわゆるインテリでも、心が退屈していれば同じような道を辿る。いかさま博打で数万ドルを失ったビジネスマンは、その理由についてこう言った。「家族にも友人にも飽きたから」。そして胸躍らすようなチャンスを向こう見ずに求めたものだから、悪に狙い撃ちにされたのである。また、それは多くのビジネスマンが、平々凡々と繰り返される毎日の仕事に退屈を覚え、興奮を求めて無分別に投機し、大金を失っている。

アーカンソー州のある農夫は、集団リンチに加わった。法廷で裁判長に、なぜリンチなどで人を殺《あや》めるようなまねをしたのかと糺《ただ》されて、こう答えた。「ほかに面白いことがなかったもんで、ついやっちまったんでさ」。虐殺、魔女狩り、大量殺戮、リンチといった行為に人間を駆り立てるのは、主に退屈した心である、と社会学者は指摘する。このようなおぞましい行為をする人間はおおかた、残酷を好む人間というより、退屈している人間なのだと。閑《ひま》をもてあまし、恐れることもなく人を殺し、社会の秩序を乱し、そして退屈をしのぐ。日常でも、同じような心理が人を愚かしい行動へと走らせる。例えば、どれほどの男たちが退屈を紛らすために隣人と喧嘩をし、妻を殴り、酒にふけってきたことか。

私たちは、人生に退屈を感じたとき、その心を放っておいてはならない。しかしだからといって、ただスリルや興奮を求めても、それは一時凌ぎにしかならないし、第一、危険である。私たちは人生を通じて、退屈が心に入り込んでこないよう、生活を充実させてゆかなければならない。何かに心を傾けたり、もっと日常のさまざまなことに興味を寄せたり。つまり生きた心を持つよう努めるのである。そして、退屈な心の圧力から判断力を守らなくてはならない。

ただ、それでも退屈が心に入り込んで来ることがあるかもしれない。そんなときには、一つの単純な姿勢が必要である。それは、自分が退屈しているという事実を認める姿勢だ。何だか退屈したな、と思い、そして何かのチャンスに心を引かれたら、ちょっとこう考えてみるのだ。まてよ、私は今退屈しているのだ、だからチャンスを判断する力をなくしているのだと。そしてそこで一回くらい深呼吸でもしてみて、それからチャンスを眺める。私たちは疲れているときはこう思うものだ。「今はくたくたで、何も考えられない。もう少し経って頭が働くようになってから、この件については考えることにしよう」。これと同じように、退屈だと感じたなら、それを認めて一呼吸置く。そして少しでも判断力を取り戻すことである。

不安とチャンス

判断力を守るためには、不安な心というものに考慮を払わなければならない。この不安定な心の状態は、私たちの幸運をじわりじわりと蝕んでゆく。私たちはすでに、不安な心を持つ人が、健全な運の糸を投げることができないことを学んだ。不安な心が、チャンスを引き寄せる際の妨げとなることを知った。しかし、不安がる心の害はそれだけではない。心に不安を抱える人は、好ましいチャンスがやって来たとしても、それを受け入れることができない。なぜなら、そこにあるはずもない危険をみだりに想像してしまうからだ。「不安な心には……」とシェイクスピアは言う。「茂みが熊に見えてしまうのです」

不安な心は、世の中を想像の熊でいっぱいにする。不安に苛《さいな》まれた心は、ありえない人生の災いを妄想する。判断力という光を失い、世の中を明るく照らして見ることができないからだ。だから、幸運を約束するチャンスがやって来たとしても、怖《お》じて、受け入れることをためらい、思い悩む。そのうちに機を逸し、自分が得られたかもしれない幸運の実りを、他の人が享受することにもなるだろう。

不安な心は、妄想を膨らましてそれが現実であるかのように思い込み、幸運に背を向ける。そしてこの心は、同じような妄想から、不運を誘い込みもする。買ったばかりの肉が腐っていた場合、平均的な主婦ならば憤然《ふんぜん》として肉屋に突き返すか、少々惜しがりながらも捨ててしまうかするだろう。だから不運はここで終わる。肉代の五ドルか十ドルを失ったという程度である。しかしこのように些細なチャンスも、不安に歪められた判断から、深刻な事態へとつながることがある。次に紹介する若く美しい主婦は、心に極度の不安を抱えていた。その不安は不幸な子供時代に始まり、そして結婚をしてからひどくなってしまった。夫の態度のせいである。夫は家庭と妻を厳しく管理し、何かにつけて妻を批判した。暴君だった。だから彼女は何かを行なおうとするときは自然、これを夫はどう思うだろうか、ということをまず考えるようになった。そしてなるたけ、批判されたり皮肉を言われたりしないような行動をとるのだった。

ある日冷蔵庫を開けたら、おかしな臭いがした。肉入れには数日前に買った豚肉を、ラップに包んで入れていた。もしかして、お肉が腐っているのかしら？　そう思って肉を取り出し、鼻を近づけて臭いを嗅いでみた。どうやら腐っているようだった。

この段階までは、彼女は至って普通にチャンスを判断しようとしている。その危険性を見極めようとしている。しかしここから、彼女の思考の過程を不安が歪めてゆく。お肉をすぐに使わなかったものだから腐らせたのだわ、お肉を無駄にしてしまったのだわ、私は駄目な主婦なのかしら？　あの人は私のことを主婦失格だと非難するのではないかしら？　彼女はもう理性を失っていた。

肉は腐らせてしまったから捨てた、などと夫に言えるわけはなかった。彼女はもう一度嗅いでみた。そして自分に言い聞かせた。臭いはかすかだわ――かすかですとも、そうよ、腐っているというほどのものじゃないわ、それに火をきちんと通せば細菌は死ぬもの（火を通しても腐った肉は危険であるということは知っていたが、そのときは頭に浮かばなかったと彼女は語っている）。そして豚肉は調理され、その日の夕食の食卓に上った。そして、家族全員がひどい中毒を起こし、そのため彼女はノイローゼになってしまった。豚肉は腐っていた。これは好ましくないチャンスだった。しかし彼女は不安から、夫に批判されると妄想し、危険性を甘く判断してしまったのである。

人生に全く不安を感じないという人など、まずいないだろう。心から不安をすべて取り除くことは無理である。ただ、人生のチャンスを判断するときには、できる限り不安に考慮を払い、心の目が澄むように、余計な不安を心から除くよう努めることが大切である。

共有する運を不安から守る

夫婦、家族、あるいはそれくらいごく近しい間柄の人と人とは、運を共有するものである。だから私たちにはそれぞれに、その共有する運に対する責任がある。今紹介した事例では、厳しすぎる夫が、妻を不安にした。そして結婚生活に不運を招いた。夫と妻というものは、特にそれが未熟な二人なら、互いに不安を抱きやすく、そしてその不安からつい、共有する運を損なうような行動をとってしまうことがある。夫が眠っている間に、夫の服のポケットを探る妻というのは、いつも滑稽《こっけい》な話の種にされる。しかし、彼女たちは滑稽なのではない。本当は、悲しい存在なのである。彼女たちは不安でしかたなくて、そのような行為に走るのだ。そしてこうした行為には、いつも不運が潜んでいる。

そして不安というものは、ともすると憎しみに似た感情に変わってしまうことがある。この憎しみは、不安以上に判断力を狂わせる。互いに愛情を持っている人々の間でも、また、根は優しい人々の間でも、憎しみに似た感情は生まれて険悪な空気を作り出し、共有する運を脅かす。

ここで、ある夫婦の事例を挙げる。結婚してから十二年ほど経ったころの出来事について、夫が語ってくれた。その出来事が起こるまでの妻との関係は、良くもなく悪くもない、世間一般と同じような仲だった。夫は仕事が忙しくなり、遅くまで残業する日が多くなった。しかし、妻に、帰りが遅くなると連絡することはほとんどなかった。そんなとき妻は、食べてもらえないとも知らずに夕食を作った。そして夫の帰りをひたすら待つのだった。このような日が続くうちに、妻は、あの人はもう私のことなどどうでもよくなったのではないかしら、と思うようになり、心に不安が生まれた。そしてその不安はやがて、憎しみに似た醜い感情へと変わっていった。

夫は仕事にかまけて、妻を省みなかった。妻が愚痴《ぐち》を言っても、取り合おうとしなかった。そんなある日、夫は上司にこう言われた。「きみ、そんなに仕事がたいへんだというのなら、辞めてもらっても構わないんだよ」

「とんでもありません」と夫は言った。「なぜそんなことをおっしゃるのです?」

「きみの細君が、うちのやつにそう言ったそうだよ」

夫はその夜、妻に問い質した。「上司の奥さんにいったい何を言ったんだ?」

「あら」と妻は言った。「昨日ストアで偶然奥様に会って、それで、ご主人はお元気と聞かれたから、たいへんだ、たいへんだと言いながらいつも夜中まで働いてますって言ったの。それだけよ。それがどうかした?」

夫は色をなして声を上げた。きみはぼくのキャリアを台無しにするつもりか、まったく、〝不用意〟な発言をしてくれたものだ。妻は言い返した。でもあなたいつもそう言っていたじゃない。夫は反論した。確かにそうさ、でも僕は不平をこぼしていたわけじゃない、きみだって分かっていたはずだ、僕は仕事に情熱を傾けていたんだよ、どうして、そこのところを奥さんに伝えてくれなかったんだ? こうして責め合いは激しく延々と続いた。そして二人の間には、深い亀裂が生じてしまった。

確かに妻は、事実を伝えただけかもしれない。でも妻のこの言葉は、夫に対する配慮に欠けていた。それは夫に対して、憎しみのような感情があったからだろう。夫婦の関係は、健全さを失っていたのである。夫の思いやりが足りなかったため、妻は不安になった。そしてその不安が憎しみに似た感情へと変わった。だから妻は適切な状況判断ができなかったのである。

私たちは、親しい人々が不運に見舞われたときには、ただ首を振るばかりでなく、自分を省みる必要があるだろう。もしかしたら私たちの態度や行動が、その不運を招いた原因の一つだったかもしれないからだ。特に、夫婦、あるいは家族のなかでは、一人の行動が皆の運に大きく影響してくるものである。だからそれぞれに相手の心に不必要な不安を与えないよう努めることが、互いの運を守ることにつながる。自分の心の不安を考慮するだけでなく、近くにいる人々の心のことも常に考慮し、もし誰かが不安がっているようだったら、その人に広く思いやりのある態度で接し、できるだけ心から不安を取りのぞいてあげなければならないのだ。

▼自信がもたらす害

〝自信を持ちすぎる心を抑える〟という心構えは、判断力を守るうえで、ある意味、一番重要視しなければならないものかもしれない。なぜなら多くの人が、自分にはこの心構えは必要ないと考えるからである。「自信？　私は自分にそれほどの自信は持っていないよ」と言うからである。

このような人々が考える自信というのは、例えば、テニスのチャンピオンが格下の相手に対して持つような自信であろう。しかしこういったものは、チャンスの判断において害になることはほとんどない。これは、本当の能力から生まれる、自分を信じる心だからだ。私たちが問題にしなければならないのは、これとは違うタイプの自信である。それは、本当の能力から生まれるのではなく、〈幸運の連続〉〈動機の誤解〉〈経験不足〉から生まれる。ここでは、この三つの自信が判断力に与える影響について考えてゆきたい。

まずは、〈幸運の連続〉から生まれる自信についてである。人は、幸運がいくつか続くと、つい浮かれてしまうことがある。そして、何でも自分の思い通りになるような気になってしまうことがある。そしてそんな浮かれ調子でいるときは、どんなチャンスでも自分に微笑みかけてくれているように感じる。この自信が、災難を招く。だからローマ人は「愛想のよい神には用心しろ」と語り伝えてきた。思いがけずいくつかのチャンスに味方された人は、「私はなんとツイているのだろう、もう何をやっても失敗する気がしない」などという戯言《たわごと》を言いだすものだ。そして、危険なチャンスにさえ虹を見て、その幻の虹を追おうとする。

〝ツイてる気分〟の影響を具体的に探るために、ジョン・クーム・トラフォードという名のイギリス男性の、モンテカルロでの体験談を紹介する。これは、彼がまだ青年だったころ、二十世紀初頭の話である。彼はカジノへ行った。だいたい二百フラン（約四十ドル）くらいで遊ぶつもりだった。別に、勝って儲けようなどという気はなかった。ただ、モンテカルロの大きなカジノで少し遊んで、そのことをみんなに自慢できればよかったのである。

ホールの入り口に立った。なかは広々として、お洒落な人々で溢れ、たいへん華やかだった。さて何をしようかとそこから眺めていたら、ふと、緑色のルーレットのテーブルの一つにいる、美しい娘が目に留まった。連れはいないようだった。そこでトラフォードはそのテーブルに決め、美人の隣に並んで立った。どうやらフランス人らしかった。ちょっと視線を送ってみたが、そのフランス娘はつんと澄ましている。トラフォードは何とか娘の気を引きたいと思った。まだ宵の口だった。だからみな軽く賭けているところで、彼も、数フランずつ小出しに出そうと考えていたところだった。しかし思い切って二百フランを全部賭けてやろうと決めた。そして数字の八の上に、まとめてぽんと置いた。しかし思い切ったといっても二百フランぽっちである。だからセンセーションを巻き起こすことはできなかった。でも一応、周囲の注目を集めることはできた。そしてホイールが回された。トラフォードはどうせ負けるだろうと思っていたから、そのときにはクルピエが棒で金を集めるのを横目に、おやおやと軽く肩をすくめようと考えた。その振る舞いで、きっと隣の美人も微笑んでくれるだろう。

ルーレット盤も見ずにこんなことを考えていたら、ボールがからからとスロットに落ちる音がして、それからちょっと間があって、クルピエの抑揚をつけた声が聞こえた。「八、偶数と黒」。そしてトラフォードの前に、二百フランの三十五倍、つまり七千フラン分のチップが積まれた。トラフォードは内心どきどきしていたが、表では気取って二十フラン分のチップをクルピエに投げた。そして娘を見て、微笑んだ。

すると娘も微笑み返した。それから二人は話を始めた。トラフォードがフランス娘とのおしゃべりに気を取られている間に、再びホイールが回された。そして、テーブルでどよめきが起こり、娘がまあと叫んだ。トラフォードは振り返った。また八が出たのである。そして彼の二百フランは、数字の八の上に置いたままだった。トラフォードは、その五分間のたった二回の賭けで、なんと一万四千フランを得たのである。

これは彼にとってはたいへんな大金であり、身の震えるような興奮を覚えた。そして娘が言った。「このままおやりなさいな――あなた今夜はついてるのよ」。こうしてトラフォードはその後四時間賭け続け、大いに勝って、ついにはテーブルを〝破産〟させた。この夜このテーブルでのゲームはお仕舞いとなったのである。トラフォードは気がつけば、十一万フランを手にしていた。

彼は大満足だった。そして、いっぱいのお金をポケットに詰め込み、フランス娘を連れ、意気揚々とカジノを出た。そして滞在しているホテルへと向かった。途中から、娘が近道だというので裏通りへと入っていった。そこは暗くてひと気がなかった。そのときだった。話に夢中になっていたトラフォードを、二人の男が背後から襲ってきたのである。トラフォードは頭を棍棒で殴られ、そのまま気を失った。しばらくして意識を取り戻すと、お金と娘は消えていた。そして、ひどく頭が痛んだので、それから二週間病院のベッドの上で過ごす羽目になった。警察からは、娘がギャングの仲間だったことを聞かされた。カジノに一人でふらりとやって来て、かつ単純そうな人間を、連中は狙うのだということだった。

トラフォードはもっと注意すべきだったのである。お金をいったんカジノに預けるとか、車でホテルに帰るとか、街灯のある明るい道を選ぶとか。しかし、幸運が連続したため、彼におかしな自信が生まれた。そしてその自信で浮かれた心には、正しい状況判断ができなかったのである。トラフォードは、運は自分に味方していると思い込み、少しいい気になってしまったのだろう。だから、運に見放されてしまったのである。

▼チャンスの動機

トラフォードが経験したような派手な幸運の連続は珍しいだろう。しかし、もう少しスケールの小さな幸運の連続なら、毎日毎日、世界のあちこちで起こっているに違いない。そしてそこからさまざまな不運が生まれていることだろう。そしてこのことは、別のタイプの自信から生まれる不運についても言えるだろう。

私たちは、人の〈動機を誤解〉したところから自分に自信を持ちすぎ、ついには判断力を失って、不運に陥ってしまうことがある。これはどういうことかと言うと、例えばだれかが、不純な動機から私たちを誘ってくるとする。もちろんこういう人間は、その動機を隠す。そしてこんなことを口にする。あなたはとても賢い人だ、重要な人だ、魅力的な人だ、愛らしい人だ、だから私はこのチャンスもあのチャンスもあなたにあげますよ、と。そして私たちはその人を露ほども疑わず、その言葉を額面どおりに受け取り、少々うぬぼれ、そしてチャンスを受け入れるというわけである。こういう甘い言葉というものは、疑ってみる必要もあるだろう。自信を持ちすぎることなく、その真意を探ってみるのである。

ここで、魅力的なチャンスの裏にあった下劣な動機を見抜いた、一人の十代の少女を紹介したい。彼女はこう書き送ってくれた。

「まずジェリーはデートに誘ってくれました。私はすっかり舞いあがってしまいました。彼とは出逢ったばかりでした。彼はハンサムでスポーツマン、それにお家がお金持ちでした。もう完璧でした。初めてのデートはとても素敵で、私は彼に夢中になりました。

初めてのデートから少し経ったある日、ジェリーから電話があり、きみを両親に紹介したい、と言われました。そして、明日から週末まで親は別荘へ行くことになっているので、週末にぼくと一緒に別荘まで行ってくれないか、と誘われました。私の答えはもちろんイエスでした。あまり深く考えなかったのです。そしてルンルンで母にそのことを話しました。すると母はこう言いました。なぜジェリーはわざわざ別荘まで行って、親御さんにあなたを会わせようとするのかしら？　少し不自然じゃない？　それにいきなり紹介だなんて、話が急すぎるんじゃないかしら？　まだお互いのことなど何も知らないでしょ？　それなのに、真剣につき合っているんだとでも言うつもりなのかしら？　あなたを愛しているのかしら？　まだよくも知らないあなたのどんなところを？

私は思わず叫んでしまいました。『やめて、母さん！』。でも、母さんの言うことも本当だな、と思いました。私とジェリーはお互いのことをほとんど知らなかったのです。それなのに両親に紹介とか、週末を家族と一緒に過ごすとか、そんなの何かおかしいなって。それにジェリーはプレイボーイだという噂もありました。それで彼のことを責めるつもりはなかったけれど、遊ばれるのは嫌だと思いました。ジェリーをこんなふうに疑ってしまう自分が恥ずかしいという気もしたけれど、彼の両親が本当に別荘へ行くのかどうかということは、きちんと確かめておかなければと思いました。

ジェリーのお母さんに電話をしました。私はそのとき学校の宿題で、親というテーマでレポートを書いていました。だからそのことを利用して、お二人に話を伺いたいのですが週末はご在宅ですか、と聞いたのです。すると、ええいますよという返事が返ってきました。これが真実でした。ジェリーが考えていたことは、だいたい想像できます。私を誘って別荘へ行く。そして私が、ご両親はいないじゃないのと言ったら、何か急用ができて町へ戻ったのに違いないと答える。そして私とそこに二人きり。町から百マイルも離れた田舎の別荘で。

私は電話をし、一緒には行かないと、きっちり断りました。彼はすっごく怒っていました。これでジェリーとは終わりました。これからは、男の人に誘われても騙されたりしないよう、気をつけたいと思います」

きらきらと輝いて見えるようなチャンスにも、危険が隠れていることがある。だから私たちは、その魅力に惑わされないようにしなければならない。ただ、チャンスをもたらす人々を冷笑するような態度で眺めるようになってはならない。そのような態度をとるようになれば、やがて心がねじけ、ひねくれた目でしか他人を見れなくなるかもしれない。そして、人の好意でさえ悪いように解釈するようになるかもしれない。これでは自らを好ましいチャンスから遮断してしまう。私たちに必要なのは、不純な動機は許さない、という姿勢だ。そしてもし相手に少しでも疑わしい節があるようだったら、少女のように一時立ち止まり、よく考えることが大切なのである。

▼経験不足から判断力を守る

〝失敗する気がしない〟気分や、動機の誤解と同じく、〈**経験不足**〉からも自信が生まれる。これは、経験が浅く未熟であるがゆえに生まれる、無邪気な自信と言ってもいいだろう。経験が乏しく、未熟な人というのは、世の中を甘く見がちである。だから簡単にチャンスに手を出し、不幸な結婚をしたり、自動車事故を起こしたり、事業に失敗したり、破産したりする。まだまだ未熟だから、チャンスを無邪気に解釈するのだ。つまり、チャンスからの要求やチャンスの危険性を、経験が浅い分、軽く考えてしまうのである。

無邪気な自信から判断を誤り、不運へ陥る人の典型といえば、経験の浅いビジネスマンであろう。彼らは、ビジネスの世界をまだよく知らないために、無茶な取引をして失敗したり、投資をして大損したりする。これは株の世界でも同じである。ある老練な株式投機家から、ひと儲けしようと相場に手を出すビジネスマンらに対して、こんなコメントが寄せられた。

「自分のビジネスがうまくいっている。毎日欠かさず経済紙に目を通している。通勤電車のなかでも景気について他のビジネスマンらと話をしている。彼らはなぜかそれだけで、株の世界でうまくやれると考え、いっぱしを気取る。こういう人間が大火傷をしてしまう。素人《しろうと》には、有能で親身な証券アナリストのアドバイスが欠かせない。株式投機というものを簡単に考える人間は多いが、投機をするには、世間で思われているよりはるかに多くの知識を持っていなければならない。半可通にはできないことだ。良い株を分散して持つといった心得も、いろいろと知っておかなければならない。また、当然、市場の動向を予想できなければならない。株価が下落しそうなら、そこを乗り切るために手を打つ。それから精神的にやわではやってゆけない。図太いくらいの神経というのも必要だろう。また、損失の少ないうちに相場から手を引く勇気も大切だ。こうしたことを理解し、実際にできるようになれば、ひと山当てることもできるかもしれないな。だがそうでなければ、泣きを見るだけだ」

株やビジネスの取引というのは複雑であるから、足を踏み入れる前に、その世界についてじっくりと根気よく学ぶ必要があるだろう。そして、経験不足から判断力を守らなくてはならない。しかしときには、だれかからの一本の電話や、雑誌の記事や、経験豊かな人とのおしゃべりが、私たちを適切な判断へと導いてくれることもあるだろう。また、株やビジネスに関して経験も知識もない人が、思わぬ指導者となることもある。例えば妻が、株式投機を考えている夫に、株式投機とはどういうものなの、と言っていろいろと質問を始める。ところが夫は、そうやってあらためて質問されてみると、何一つ満足に答えることができない。それで自分の知識の無さに気づいて、チャンスからの誘いに〝イエス〟と答える前に、もっと知識を深めようと努めるようになるというわけだ。

▼ギャンブラーに学ぶ

経験不足と、それより生まれる自信から判断力を守るという点では、私たちは、成功しているギャンブラーたちに大いに学ぶべきであろう。ギャンブラーなんて、単なるツキと〝イカサマ〟で食ってるんだろ、と世間は思いがちである。確かにそういうギャンブラーもいる。しかし世の中には、正直なギャンブラーというのもいて——正直な人も多いのだ——そしてその正直なギャンブラーのなかには、ツキでもなく、イカサマに頼るでもなく、それでも勝負に勝ってゆく人がいる。それはなぜかと言えば、彼らが、チャンスの危険性に対する優れた判断力を持っているからである。そしてその判断力は、地道な努力から得た豊富な知識によって大きく支えられている。

正直で成功しているギャンブラーは、自分の運を守るための努力を怠らない。つまり、損を最小限に抑えるために、常に研究する。そして彼らは、卑しい不法行為――さいころに重りを入れたり、ルーレットのホイールの裏に磁石を付けたり、袖の内にトランプのエースを隠し持ったり、騎手やスポーツ選手を買収したり――に頼ることしかしない同業を軽蔑する。ミルウォーキーのシドニー・A・ブラッドソンは、正直で成功しているギャンブラーの代表である。彼は、キーフォーバー上院犯罪調査委員会で証言している。そこで明らかになった彼のギャンブルに対する姿勢には、委員の上院議員らも感服してしまった。彼は、スポーツ賭博において、結果を予想するために緻密な研究を行なっていた。男を一人、雇っていたほどだ。その男の仕事は毎日、新聞雑誌等に載っているあらゆるスポーツ情報を集めること。そして、その集められた情報をもとに、ブラッドソンは選手のコンディションやら何やらを分析する。また電話による情報収集も欠かさない。そのためにかかる電話代は一年で一万五千ドル（ちなみに彼が動かす賭け金は年間で百万ドルを超える）。そうして人より一つでも多くの情報を手に入れて、勝つ確率、あるいは危険性を判断し、賭けるかどうかを決める。それから、どうやら八百長が行なわれるらしいと判断したら、決して手を出さない。あくまで自分の知識と判断にこだわるのだという。こうしてブラッドソンは、多くの賭けで当てている。恐れ入ったものである。

ウォール街の投機家トマス・W・ローソンは、つわもの揃いの銀行家集団と市場で大勝負し、見事に勝ちを制した。その彼にある人が「不安はなかったのですか?」と聞いた。「なかったね」とローソンは答えた。「私は常に、彼らより二つ多く事実を知っていたのだから」。これが、いつも幸運を呼び込んでいるギャンブラーの秘密だろう。成功しているギャンブラーは決して、運を天に任せたりはしない。彼らは自分の頭の内にある知識によって、幸運を生み出してゆくのである。

未熟さより生まれる自信を抑え、知識を増やしてから、成功する確率やチャンスの危険性を注意深く判断する。これは、賭け事をするときだけの心構えではない。私たちは、人生のさまざまな局面でこの姿勢を忘れてはならない。ある若者はこう嘆く。よく知らない会社の人物から、うちでは優遇するよと誘われ、それならばとそれまでの職場を辞めて、その会社に乗り換えました、ところがそこはすぐに倒産しました、こんなのってありますか? あるビジネスマンは、こう吐き捨てるように言う。求人広告を出したところ、とても感じのよい男がやって来たので雇ったのですが、なんとその男は泥棒だったのです、まったく忌々しい。ある若い女性は、「男なんてもう二度と信じません」と言う。彼女はある男とロマンチックな出逢いをし、そして結婚を申し込まれた。その後、お金を貸してくれないかと頼まれたので都合してやったところ、男は金と一緒に姿を消した。なぜ、このような数々の不運が生まれるのだろうか。それは、人々が、正しい判断を下すための〝知る〟という努力を少しもしないで、チャンスを受け入れるからである。

もし、心が自信を持ちすぎるようだったら、それを抑え——もし、心が退屈していたら、それを認めて生きた心を持つよう努め、もし、心に不安があるなら、それを取り除くよう努めて——心の霧を晴らしたい。そして、曇りのない心の目で、チャンスを判断することができるようになりたいものである。

プライドではなく、自尊心を持とう

▼自尊心は運を守ってくれる

「決めなさい」――チャンスは時々、私たちにこう迫ってくる。「このお金を受け入れるのかどうかを」――「この愛を受け入れるのかどうかを」――「この危険を受け入れるのかどうかを」と。

このようにチャンスに決断を迫られたとき、私たちには、大切に保っておかなければならない心がある。それは、〈**自尊心**〉だ。自尊心というのは、自分の人格を尊重したい、あるいは品位を保ちたいと思う心である。私たちはこの心によって、良い振る舞いをしようとか、心に恥じない行動を取りたいなどと思う。だから、チャンスに迫られたときに、この自尊心を保てなければ、私たちは心に恥じるような良くない決断をしてしまうかもしれない。そしてそのような決断をしたなら、私たちはきっと、心安らかではいられなくなるだろう。

幸運と不運の事例の研究からは、一つの結論が導き出される。自尊心を失うことは不運なことである、という事実だ。

自尊心は運を守ってくれる。私たちは、自尊心を大切に保ちながら人生のチャンスを見つめ、認識しなければならない。例えば、妻が夫とうまくゆかなくなり、やがて夫を憎むようになり、そして夫と一緒に暮らすことに耐えられなくなる。そこで決断を迫られる。子供を置いてでも家を出るのか。それとも子供のために家に留まり、耐えながら夫と共に暮らすのか。このようなときは、さまざまな感情が交錯《こうさく》するだろう。そのようなときにこそ、自尊心を保って状況を見つめることはたいへん大切なことである。

ところで自尊心というものは、人間の心の内で独特な扱いを受ける。自尊心は、幸福になるための大切な心である。そして先に述べたように、この心は人間の基本的望みの一つでもある。それなのに、私たちはこの心をしばしば、ないがしろにするのだ。例えば、好奇の心を満たすために、ないがしろにする。あなたには、誰かの日記をこっそりと読んだという経験が、ひょっとしたらあるのではないだろうか？　見つからなければいいだろうと思いながら。ただちょっと、その人が隠している心の一面を覗いてみたいという気持ちから。

ああ、確かにそうなのだ。ほんのちょっとした気持ちからなのだ。別に悪気もないのだ。しかし不幸なことに、この自尊心をないがしろにした行ないは不運へとつながりやすい。もし、日記を覗いているところを本人に見つかってしまったら！　何とみっともなくて恥ずかしいことだろう！　そしてその恥ずかしさは見られた相手にとっても同じである。笑い飛ばしてくれるかもしれないが、その顔はひきつっているに違いない。そして、たとえ見つからなかったとしても、例えば、もしかしたら覗いているところを見られていたのではないか、という不安が後から沸き起こってくるかもしれず、そしてその不安が、生活に悪い影響を及ぼすようになるかもしれないのである。

自尊心をないがしろにすることの危険

自尊心をないがしろにすると、どのように生活に影響してくるのだろう。そこを探るために、一つ、たいへん深刻な事態にまで発展した例を挙げる。始まりは、地下鉄の駅のベンチに残されたバッグからだった。それを一人の男性が見つけた。男性は頭も性格もまずまずで、教養もそれなりにある人間だった。ただ少々、道徳心に欠けるところがあった。男性はこう語っている。

「ぼくはバッグの中を覗いてみました。すると大金が入っていました。その頃ぼくは貧乏していました。だからバッグごと持って帰ったのです。盗んだわけではありません。落とし物は拾い主の物、ということです。でも、ぼくはそれからさまざまに悩まされることになります。まず、お金と一緒にバッグに入っていた鍵と書類をどうしようかと思いました。これがなければ女性は（落とし主は女性でした）困るだろうと思いました。でも送り返すわけにもいきませんでした。しかし捨ててしまうこともできませんでした。かといって家に置いておくこともできませんでした。妻に見つかれば変に思われます。妻にはこの件は内緒にしていました。責められるに決まっていたからです。それで鍵と書類はオフィスに置いておくことにしました。次の日、封筒に入れ、オフィスへ持ってゆき、自分のデスクにしまいました。しかし、デスクの引出しを開けるたびに、ついそれに目がいきました。気になったのです。そうして二週間くらい経つ頃には、食事をしていても仕事をしていても、鍵と書類のことを考えるようになり、果ては夜も眠れないほどになりました。ぼくは自分に忘れるんだと言い聞かせました。大したことではないじゃないかと。でも、頭から振り払うことはできませんでした。

結局、鍵と書類を送り返すことにしました。匿名で送るなら問題ないだろうと思ったのです。ところが、ふと不安になりました。女性がＦＢＩか何かに訴えるのではないか、そして指紋からぼくを突き止めるのではないかと思ったのです。それでぼくは手袋をはめて作業をすることにしました。誰かに見られてもいけませんから、オフィスで同僚が退社するのを待ちました。そして一人になったところで、手袋をはめ、新しい封筒に鍵と書類を入れ、封をしました。また、筆跡から調べられるかもしれないとも考え、女性の名前と住所は活字を写して書きました。ぼくはまるで犯罪者になったような気分でした。正しいことをしようとしていたわけですが。

そして家に帰りました。もう深夜でした。妻が、今何時だと思っているのと目を三角にして怒り、それからひどいけんかになりました。その夜はほとんど眠ることができなかった。鍵と書類の始末をつけたのだから、気持ちは晴れるはずでした。ところが今度はお金のことが心に重くのしかかってきたのです。お金は銀行に新しく口座を作って預けていました。通帳は妻に見つからないようオフィスに置いていました。一部はすでに使っていました。いくつかの請求書の支払いをしたのです。このことをどう妻に説明するのかということも頭を悩ます問題でした。いったいどこからお金が出たのだろうと妻は訝《いぶか》るでしょう。また、金を持たないはずのぼくが金をたくさん使うのを税務署の人間が不審に思って、ぼくの口座やら何やらを調べるかもしれない、などということまで考えるようになってしまいました。ぼくは悩みと不安でいっぱいだった。そして生活に狂いが生じてきたように感じました。何がどういうふうにとははっきり言えません。ただ、オフィスでも家でも、すべてが何となくうまくゆかないのです。気がつけばため息ばかりついていました。とても大切な何かを失ってしまったような気分でした。悪夢にうなされもしました。

こうした状態が一年近く続きました。心が苦しくてならなかった。そしてぼくは、女性がどんな生活をしているのか知りたくなりました。それで女性の住所を訪ねてみました。家の様子を見る限りでは、とても豊かとはいえない暮らしのようでした。バッグのお金は、大切な生活資金だったに違いありません。牧師に告白して、どうしたらよいのかを相談しようかとも思いましたが、教会にはもう何年も行っていなかったので、気が引けました。それに相談するまでもなく、どうすべきかということは分かっていました。そしてそのすべきことをしようと決心しました。つまり残りのお金を返そうと決めたのです。お金が惜しくなかったわけではありません。でもぼくは銀行へ行き、全額引き出し、そして、再び誰もいないオフィスで手袋をし、小包を作り、送り返しました。もちろん書留などにはしませんでしたから、女性の元にきちんと届いたかどうかは分かりませんが……。これが一部始終です。嫌な経験でした。もうあんなことはこりごりです。まあ、一つ大切なことを学ぶことができましたから、それがせめてもの救いです」

この例からは、人が自尊心をないがしろにしたことによって、心が不安定になってゆく様子がよく分かる。この不運のプロセスは、次のようにまとめることができる。(1)魅力的なチャンスがやって来る。(2)その魅力に惑わされて自尊心を失い、チャンスを受け入れる。(3)欲しかった物を得て、満足する。(4)しかしその満足もつかの間、次第に不運な心の状態に陥ってゆく。例えば、心のやましさから不安になったり、自分で自分が信じられなくなったり、怯えたりするようになる。

自尊心をないがしろにした行ないをすると、私たちはじわじわと苦しめられることになる。ここで思い出されるのは、聖書のダビデ王のことだ。ダビデ王は詐略を用いて、部隊長のウリヤを戦死させた。そして、その妻バテシバを得た。その後、ダビデは自らさまざまな災いを招くことになる。この話は、一つの人間の心理を物語る。自尊心をないがしろにし、心に恥じるような行ないをすれば、たとえその行ないによって喜びを得ても、その喜びはやがて苦しみや不安に覆われ、そしてその苦しみや不安は、長く重く心に残ることになるのである。

フランスには「不正直者の成功は不幸のはじまり」ということわざがある。思わず頷きたくなる言葉である。正直でない行ないをした人、つまり自尊心をないがしろにした行ないをした人は、不運へ陥りやすい。ここで一人の男性の話をしたい。事の起こりは彼の青年時代である。青年は仕事を探していた。そしてあるとき、良い仕事に就けるチャンスがやって来た。しかし問題が一つあった。採用の条件として示されていた学歴が、青年にはなかったのである。

チャンスは魅力的だった。だから青年は学歴を偽ろうかとも考えた。しかしやはりそんなことをしてはならないと思い直した。諦めようと思った。ところが驚いたことに、尊敬する父親が、嘘をついてでもその仕事に就くべきだと主張した。「こんなチャンスはもう来ないかもしれない」、「綺麗ごとばかり言ってたんじゃ、世の中は渡ってゆけないんだ」。父親はもともとは良識のある人間だったのだが、このときはその良識が働かなかった。家庭の経済状態を考えると、どうしても息子に就職してもらわなければならず、その思いで頭はいっぱいだったのである。青年は、助言に従った。

そしてとても給料の良い仕事に就いた。しかしこれが不運の始まりだった。それから二十年間の彼の人生は、嘘の上に築かれていったのである。彼は嘘がばれることを恐れ、そして偽の学歴を守るために、嘘を重ねた。心の不安を消すことはできず、人と接することに臆病になった。心はしだいに病んでいった。そしてついに四十歳で、自分を偽ることに耐えかね、自殺した。

心理学者は、このような例は決して珍しいものではないと言う。自尊心をないがしろにして不正な行ないをし、心を病み、そして自殺へと傾いてゆく人というのは決して少なくない、彼らは自分で自分を嫌悪するようになり、その嫌悪する自分から逃れるために死を選ぶのだと。W・H・オーデンの『アルファ公』の一節は、こうした不幸な人々の心を語っている。

わたしはわたしに疲れた
人生もわたしに疲れている
なぜ、わたしは生まれてきてしまったのだろう

このように心を病んだ人のなかには、無意識のうちに危険な行動をとる人もいる。例えばバスタブで滑ったり、梯子から落ちたり、走ってくる車の前に飛び出そうとしたり、こうした行動を繰り返す。工場だったら、しょっちゅう怪我をする人というのがいる。同じ仕事をしている人たちがまったくそんな事故を起こさないのに。彼らには、心理学者の言う〝死の願望〟があるのだ。だから自分で自分を傷つけようとする。病んだ心が、そうさせるのである。

良心の役割

これはとても不思議なことだが、世の中には〝自尊心〟を鼻で笑う人が存在する。人間の基本的な望みであるはずのその心を笑うのである。自尊心があろうがなかろうが、金があって、それで人生楽しめりゃあ幸せだ、と彼らは思うようである。物質的に恵まれるならそれで幸運であり、その物質を不正な手段で手に入れたとしても幸運であると。そしてこう威勢よく自分を正当化する。「気取って何になる？　この世はジャングルさ。食うか食われるか。それがジャングルの掟《おきて》だ。生きてゆくには、他人を食ってゆかなきゃならないわけだ。自尊心だなんだとほざくのは金を持った連中さ——ご立派なもんだよ——でも貧乏人はそうはいかない。もし百万ドルを手に入れられるとしたらどうする？　そんなときに自尊心だなんだと言ってられるか？　生き残るためだったら、嘘もつく。きれいな女を腕にまで抱いて、それで理性を保てるかって話なのさ」

世の中には魅力的なチャンスは多い。そしてそのチャンスを得るために、人倫に背くような行ないをする人もまた多い。その行ないが発覚する恐れが少ないならばなおさらだ。それに、一度も自尊心に背かずに生きてゆける人など、いないかもしれない。確かに、この世には冷酷なほどの生存競争があり、そのなかで私たちは生きてゆかなければならないのだから。しかしそうであっても、自尊心に背いては、心からの幸せは得ることができないのだということを、私たちは忘れてはならない。善い行ないをしたいと思う心である自尊心は、私たちの精神を健全に保つために、なくてはならない心だ。これは私たちの〝良心〟である。この良心を無視し、悔い改めることもなく不正を続けるなら、いつか、ギリシャ神話のネッソスのように、死の報いを受ける罪さえ犯してしまうかもしれない。また、自尊心は、人とともに人として生きてゆくための心だと言ってもいいだろう。だから、その心を足蹴にする物質主義者は、平穏無事ではいられない。

そうは言うが、ごろつきや泥棒や悪知恵ばかりの政治家や狡賢《ずるがしこ》い商人たちは、元気に世にのさばっているではないか、と思われるかもしれない。奴らには良心のかけらもないではないか、良心に背くまいと精一杯努力している〝人間〟の横で、万引きから人殺しまでやり放題だ、と。では、彼らは幸運なのだろうか？ 〝人間〟であるために守るべき決まりを守らない彼らが幸せなのだろうか？ そうではあるまい。彼らはいずれ、社会からの報復を受けるだろう。そして心理学が証明している通り、表からは見えないところ、つまり心は、悪の報いを受ける。

良心が働かなければその分、精神的価値をあざ笑うような心の働きが活発になる。だから人格が歪んでゆく。人格が歪めば、人とともに愛情や友情を育むことはできない。また世の中を愛することもできない。だからしだいに世の中から愛されなくなり、人間は遠ざかってゆく。

そうして年を経るにつれ、孤独になり、不安が募り、愛や尊敬に餓える。心は、不安と餓えに苦しむのだ。しかしそれでも彼らは自分の行ないを恥じようともせず、改めようともせず、不安と餓えに悶えながら、惨めに不正を繰り返してゆく。

▼自尊心に従う

自尊心に従うなら、一見好ましくないと思われるチャンスからでも、幸運を生み出せる。これが、自尊心を大切にすることのすばらしさである。その良い例証として、一人の女性の話を紹介したい。彼女は、同僚の一人が、仕事のミスでクビになるらしいという噂を聞いた。ところがよくその話を聞いてみると、そのミスというのは、彼女の不注意が原因で起こったものだった。しかしそれは、彼女しか知らないことだった。だから黙っていればそれで済むのだった。しかし彼女はその行ないは正しくないと思い、そう思う心に従って、告白した。そして同僚に代わって解雇された。ところがその二日後、彼女をクビにした当人である上司から呼び出された。上司は言った。今回の件はどうもすっきりしない、あなたは勇気ある行動をしたのだから、罰するべきではなかったのかもしれない、しかしあなたをもう一度雇うことはできない、そこで、あなたさえよければ、知り合いの会社に推薦したいのだが。それから一週間後、彼女は仕事を得た。それは以前より条件の良い仕事だった。

この話は、自尊心に従ってチャンスを受け入れたことによって生まれた幸運のプロセスを、分かりやすく示してくれている。これを、先に述べた不運のプロセスと同じく、簡単にまとめてみる。(1)自尊心に従い正しい行ないをするのか、自尊心に背いて保身を図るのか、という決断をチャンスに迫られる。(2)自尊心に従い正しい行ないをする。(3)持っていた物を失い、一時苦しむ。(4)しかし最後には、良い報いを受ける。

良い報いとは何だろうか？　それは、心の平安である。決して良心に苛まれることのない、心の穏やかさである。女性の場合は、すぐにより良い仕事を得ることもできた。でも、こうした物質的なものは必ず得られるわけではない。しかし、心の平安は必ず得ることができる。そしてこの精神的に受ける報いがなによりのものである。幸運な人生には、心の平安は不可欠だ。もし女性が保身を図っていたら、おそらく良心に恥じ、心穏やかではいられなかったろう。それよりも、たとえ仕事を失っても、心の平安を得たほうが、長い目で見るならはるかに幸運だったのである。

しかし、自尊心が大切だということは分かっているけれどそれに従うのはなかなか難しい、と経験から誰もが感じているかもしれない。自尊心に従うためには、自分を犠牲にしなければならないことも多いからだ。いったい私たちはどこまで自尊心に従わなければならないのだろう？　私たちは英雄にならなければならないのだろうか？　英雄的な行ないをしたがために、怪我を負い、病院行きになったという人は多い。車椅子の生活を余儀なくされている人もいる。また土の下にひとり眠ることになった人もいる。それでも私たちは自尊心に従えるのだろうか？　この問いを考えると、戦場の兵士たちのことを思う。戦場では、究極の決断をチャンスに迫られることも少なくないだろう。例えば、仲間が敵の銃口にさらされています、だから決めなさい、仲間に代わって銃弾を受け入れるのかどうかを、と。そして自尊心に従って銃弾を受け、戦場に散った者もいるだろう。

では自分の命を失う恐れがあるときに〝保身を図る〟のは正しくないことなのだろうか？　人には生きたいという本能がある。だから、命を懸けてまで自尊心に従うのは難しい。そして誰も、命を守る決断を責めることはできないだろう。これは、正しいとか正しくないとかを容易に語れる問題ではない。ただ、どれほど自分を犠牲にしなければならないチャンスであっても、それを自尊心に従って受け入れたいというのなら、それは好ましいチャンスであると認識してよいのだろう。そして、兵士だろうと市民だろうと、良心に恥じるよりも死を選ぶというのなら、これほど尊いことはない。そしてそんな勇気ある人は、イプセンの描いたストックマン博士のように言うのだろう。「なにを恐れることがあるだろう？　良心とともにまことの道を行くだけだ」

ただ、こうした究極の決断を迫られる人は稀である。私たちは、こうしたことを考える前に、まずは普段の生活において、自尊心に従える人間であるよう努めなければならない。そして日常においてこそ、自尊心に背いた報いは恐ろしい。心の重くなるような話を新聞で読んだことがある。一九六四年のある日の晩、ニューヨークのあるアパートの住人およそ三十人が、路上で一人の女性が刺され、死んでゆく光景を、自室の窓からただ眺めていた。誰一人、警察に通報する者はなかった。〝巻き添えを食う〟のはいやだと思ったのだ。こうした行ないは、どれほど世間から軽蔑されるだろう。そしてやがては自分で自分を軽蔑することにもなるだろう。もし私たちが、ほんの少し自分を犠牲にすれば自分で助けられるはずの人を助けず、その人の苦しみを傍観するなら――もし私たちが、自分に不都合だからと、まことの心に背いて友を裏切るなら――それによってたとえ物質的に何かを失わないで済んだとしても、精神の代価を払うという不運は免れないだろう。

▼自尊心は取り戻せる

時々私たちはつい、自尊心をないがしろにしてしまう。だから自尊心は心の中でくじけてしまう。でも幸いなことに、自尊心というのは、私たちがちょっと励ましたり勇気づけたりすると、また力強く働きはじめる。もし私たちが過去に自尊心に背き、そのことによって自分を嫌悪するようになってしまったとしても、私たちが良心からの責めに耳を傾けるなら、悔い改めながらその心を取り戻すことができる。実際、自尊心を笑って不正を繰り返し、世間から救いようがないと思われていた人のなかにも、努力によって自尊心を取り戻し、安定した心で人生を愛する幸運な人々の仲間になることができた人もいる。

ちょっと勇気を出すこと。これが自尊心という大きな力を生む。自分の人生を振り返って、こんなふうに語る人は多い。心の内に隠してきた過ちを告白したとき、友達から取りあげていたものを友達に返したとき、嘘を認めたとき、偏った見方を捨てたとき、自分が引き起こした問題の責任を取ったとき、権柄《けんぺい》尽くな態度を改めたとき、不正に毅然《きぜん》と立ち向かったとき、自分では自分を守ることのできない弱い人を守ったとき、そのときが、私の人生の一番の素晴らしいときだった、と。こうしたときを迎えることができるなら、私たちはきっとそれからの人生を、自尊心とともに生きてゆけるのではないだろうか。

世界の偉大な人物の一人、マハトマ・ガンジーは、チャンスの圧力に屈することなく、自尊心とともに生きた人である。ここで、その人物の人生の逸話を紹介したい。ガンジーは、西洋の思想に興味を抱き、野心を持ってイギリスへ渡り、弁護士の資格を取ってインドへ戻ってきた。そして一八九二年、二十三歳のときにポルバンダルで弁護士として活動を始めた。しかしまだなりたてだったから、そこで開業していたイギリス人弁護士から仕事をもらっていた。その弁護士は、インド人を蔑視《べっし》していた。だからガンジーにも、いつもあからさまに不快な顔をして接するのだった。しかし仕事をもらっている身のガンジーは、彼の冷遇を忍ばなくてはならなかった。

ある日、相談することがあるので弁護士を訪ねたところ、弁護士はひどく機嫌が悪かった。そしてガンジーがどういう用件で来たのかということすら聞かずに、侮蔑の言葉とともに彼を追い返した。この出来事が、とガンジーは語っている。「わたしの人生を変えました」。自尊心が試されたときだった。ガンジーは、仕事をもらうためにへいこらと諂《へつら》うなどということはできないと思った。そうして阿《おもね》るような、卑屈な人間になることはできなかった。そして、インドでの弁護士としての活動を辞め、家族のいるポルバンダルを離れ、「南アフリカに道を求めよう」と決心した。そこには、多くのインド人同胞がいた。

新天地での最初の日、ガンジーは列車でケープタウンへ向かうことにした。彼は一等の切符を買った。そして列車に乗り込んだ。列車は出発した。すると車掌がやって来て、ガンジーを一等車からつまみ出した。お前のように肌に色のついた人間が一等に乗ることは許されない、と言うのだった。ガンジーは一等の切符を持っているのだと主張したが、まるで取り合ってもらえなかった。

列車がナタール州のピーターマーリッツバーグに停車した。ガンジーは二等車に移ることを潔しとせず、そこで降りた。もう夜だった。寒い駅舎のベンチに座り、どうすべきなのかを一晩中考えた。あの夜私は人生のうちでもっとも創造的な時間を過ごしました、とガンジーは語っている。そして取るべき行動は一つしかないと確信した——自尊心に従うのだ。夜が明けると、ケープタウン行きの一等の切符を買った。そして列車が到着すると、一等車に乗り込んだ。一等室には一人、イギリス人男性が乗っていたが、別に何も言われなかった。しかしすぐに車掌が来て、今すぐ出ていけ、と荒々しくガンジーに命じた。ガンジーが抗議しても聞き入れず、最後には暴力をふるおうとした。これにはイギリス男性も見かねて止めに入り、ガンジーをそのまま一等に乗せておくよう車掌に言った。

こうして味方してくれるイギリス人もいるのだということを知ったガンジーは、心強く思った。差別と戦おうという思いを持ち始めていたガンジーにとって、希望の持てることだった。それから二十年間、ガンジーは、公平で民主的精神を持つイギリス人の助けも得て、南アフリカにおけるインド人の市民権獲得のために戦った。そしてこの年月の経験を通じて、たくましい精神を培い、故国へ戻ってイギリスからの独立のために力を尽くした。チャンスに迫られたとき、ガンジーはその圧力に耐えて自尊心を保った。そのことが、彼の人生にこのうえない幸運をもたらし、また民族全体の幸運にもつながったのである。

▼自尊心とプライドを取り違えない

最後に一つ注意を申し上げておきたい。それは、〈**自尊心**〉と〈**プライド**〉を取り違えてはならない、ということだ。プライドを自尊心だと思い込み、人生のチャンスを見つめるなら、私たちは大変な失敗をしてしまうおそれがある。プライドには自尊心のような気高さはない。プライドを持った心は、不運な心である。「害のないプライドはない」とエドマンド・バークは言った。もし私たちがこの真実に目を向けないなら、私たちは人生を通じて、プライドの害を受けることになるだろう。

プライドにはいくつかの形があるが、これは基本的に心の弱さから生まれるものである。一つは、自分の生まれや美しさや地位や成功などに持つプライドだ。精神的な弱さから、その表面的な優位や繁栄によって自分を誇ろうとするのである。私は強いのだ、勇敢なのだ、才能があるのだ、ということを誇示しようとするプライドもある。こうしたプライドを持つ人は、無謀な行動にでることが多い。また、他の人からのもっともな責めや批判を受け入れることができないプライドもある。こうしたプライドを持つ人は、ちょっと非難されるとすぐに仕事を辞めたり、家を捨てたり、会議の席を蹴って出ていったりする。

ここで一人のフランス人男性を例に挙げる。彼は若くして外務省の高官に登用されたエリートだった。ある日彼は、お昼休みに二人の女性を連れてレストランへ行った。レストランはたいへん込んでいた。彼らはテーブルにつき、注文した。ところが、担当のボーイがひどく感じが悪かった。そして注文した料理を一部持って来たきり、なかなか姿を現わさなかった。時間がなくなってきたので、ボーイを探したが見あたらなかった。またボーイ長の姿もなかった。それで彼は腹を立て、出されただけの料理の代金をテーブルに投げ置いた。そして結局出てこなかった料理の代金とチップは置かずに、女性を連れてレストランを出た。

タクシーをつかまえて乗り込み、ドアを閉めようかとしたところで、例のボーイが、食い逃げする気か、金を払え、などと怒鳴りながらレストランから飛び出してきた。彼は車を出すよう運転手に言ったが、運転手は面白がってなかなか出そうとしなかった。ボーイは詰め寄ってきた。彼はどうしようかと考えた。一発食らわせて失礼な言葉を取り消させようか？　しかしそんなことをすれば、殴り合いの喧嘩になるかもしれない。警察ざたになるかもしれない。新聞が政府高官の暴行事件と書き立てるかもしれない。外務省への攻撃の種になるかもしれない。では、恥をかかされたまま黙って引き下がるのか？

ボーイは罵り続けていた。女性らは、構わないで行きましょうよと言った。しかし侮辱されたまま引き下がるのでは、メンツが立たないと思った。そして彼はその〝自尊心〟に従った。タクシーを降り、ボーイを殴ったのだ。するとボーイも殴り返してきて、そのまま殴り合いになり、数分後には警察が来て、彼は、名前と外務省の人間であることを知られた。懸念していた通りの事態になってしまったのである。スキャンダルは新聞紙上を賑わした。風刺漫画にもなった。国民議会は彼を糾弾し、やがて非難の矛先は外務省全体に向けられた。そして彼は、やむなく辞職した。

彼がボーイを殴ったのは、自尊心からではなかった。単にプライドからだったのである。自尊心を持って状況を見つめていたなら、侮辱の言葉も真摯に受け止め、レストランに戻って、ボーイとオーナーに自分の行動の理由を説明し、話し合いで解決するといった方法を取ったはずである。そして、女性たちに嫌な思いをさせることもなく、外務省も自分の運も、守ることができたはずである。

これはまさに自尊心とプライドの不幸な取り違えだった。そしてこの例を見ると、プライドを持つ心というのは、他人のことよりも、まずは自分のことを考えてしまう心のようである。その点も自尊心と大きく違うところだろう。

ある男性は、嫌味なボスの下で何年も働いた。その間辞めたいと思わない日はなかった。しかし辞めなかった。世の中は不況だったから他の仕事に就ける可能性はほとんどなく、自分が嫌だからと仕事を辞めれば、守るべき妻と子供を守ることができなかったのだ。自分のために、妻と子供を犠牲にすることはできなかった。辛く苦しい日々だった。しかし、男性は自尊心を保ち続けた。それがやがては彼と家族に幸せをもたらすことになる。もし男性がプライドばかりの男だったなら、すぐに辞めていただろう。そして家族を路頭に迷わせたかもしれない。プライドではなく、自尊心を持つこと。そしてチャンスを見つめること。それが、幸運な人生への鍵である。

直感力でチャンスに迫る

▼不運をもたらす人、不運を感じる日

「なぜかは分からないけど、そう感じるの」——私たちがこんなふうに感じるとき、私たちの内では、幸運へ向かうための大きな力が働いている。その力が、〈直感力〉だ。では、直感力とは何だろうか。直感力は、チャンスに対する私たちの判断力の一つである。私たちはさまざまな経験から人生の知識を得る。しかしその知識のなかには、頭の奥にしまい込んだまま忘れてしまっているものがある。私たちがチャンスに向き合ったとき、その忘れてしまっていた知識を（私たちが意識しないうちに）脳がふと思い出し、その知識によってチャンスを判断する。それが直感力だ。

現実的な考え方を持つ人だったら、テレパシーや透視といった類の、五感によらない力など信じないだろう。そうした現実的な人のなかには、直感力もそういった種類の力だと考える人がいるかもしれない。しかし、直感というのは、五感では知りえない物事を知るような、神秘

的で何やら怪しげでもある力とは違う。これは、私たちの知識から生まれる、理知的な力だ。そして、明らかに日常の生活で働いている現実的な力である。だから直感力を軽んじるなら、人生のチャンスを認識する際の大きな力を失うことになる。ある詩人は直感を〝理性の王〟と呼んだ。これも一つの真実である。

詩人、作曲家、科学者といった創造する人々は、直感を尊ぶ。数学者のガウスはかつてこう言った。「ついに私は謎を解くことができた。これは、私の地道な努力のおかげであり、また、いわゆる閃《ひらめ》きのおかげであった。私は脳裏に閃きが走るのを感じたのだ。それまでの努力で蓄えた知識と、この成功とを結びつけたのは、閃きだったのである」

偉大な発見をしたり、事を成し遂げたりした人は、多くこのような体験をしている。そしてもちろん、日常の生活のなかでも、直感の力は働いている。例えば、新しい人との出逢いのときである。人と出逢った瞬間に、その人を上手に判断できる人がいる。新しく出逢った人が、友達になれる人かなれない人か、信用できる人かできない人か、良い人かそうでない人か、ぴんとくるのだ。この直感は、それまでさまざまな人と接してきたことで、知らず知らず養われた〝人を見る目〟ともいえるだろう。

ある妻が、夫に新しくできた友達ジムについてこう言った。「あの人とは深くつき合わないほうがいいわ。そう感じるの」。夫は、この妻の意見を笑って聞き流したが、やがてジムに失望し、自ら離れていった。夫は言った。「最初はいいやつだと思ったんだが。でもだんだん、あまり良い人間ではないことが分かってきた。だから、ジムとつき合い続けると、ぼくにとってマイナスになると思ったんだ」

こうした話はよく聞くものだ。人を見る目のない夫が、妻の直感を信じなかったために生まれた不運である。人は、良くも悪くも人から影響を受けながら生きている。それによって物の考え方や性格や生き方は変わるものだ。心の清い人や誠実な人と接すれば、感化を受けて、人として大きく成長できることもあるし、悪い友達といれば、自分の悪い部分が引き出されてしまうこともある。もし自分に良くない影響を与えそうな人が近くにいるなら、私たちは自分の心の状態に気を配る必要がある。そうしなければ不運な心の状態に陥りかねないからだ。少々話がそれたが、ここで理解しておきたいのは、初めて出逢った人が幸運をもたらす人か不運をもたらす人かを認識するには、直感が力となるということである。

また直感は、不運な日というものを教えてくれる。不運な日、というのは確かにある。というのも、チャンスを認識する力には、心身の状態が大きく関係してくるものであり、その心身の状態というのは日々変わるからだ。だから認識する力も日々変わるのである。あなたにも、何をやってもうまくいかないという日が時々あるのではないだろうか。そしてそんな日に、不運が自分の周りに漂っているように感じることがないだろうか。そうした感じは、ぜひとも真剣に受け止めていただきたい。

フロイトはこう述べている。「あるローマ人は、さっき戸口で躓《つまず》いたから今日はもう仕事をしない、と言ったという……このローマ人は、私たち心理学者などよりもずっと優れた心理学者である……躓いたということは、気が散漫であるということの現われであり……気が散漫なら仕事に集中力を持って臨めない。精神の力を集中しなければ何事も為し得ないのだ」

ローマ人は、フロイトの言うようなことを、躓いた瞬間に直感したのだろう。家やオフィスでちょっとした失敗が続くときは、だいたい心身の状態が不安定なのである。そのうち大きな失敗をしてしまうかもしれない。だから失敗が続いて、不運を感じたら、ローマ人のようにその感じを受け入れて用心することだ。これは論理的なことである。今日はやめておきなさい、今はやめておきなさい、という直感の声を聞き、難を免れることができた人は多い。〝タイミング〟は、たいてい直感の力で知るものだ。フランクリン・D・ルーズベルト、ドワイト・アイゼンハワー、バーナード・バルークといった、成功した政治家、軍人、実業家は、タイミングをよく知っていた。彼らの人生では、直感の力が確かな助けとなったのだ。

しかしここで一つ注意しなければならないことがある。それは時々、私たちの内にある、ある種の心から、直感と似たような〝感じ〟が生まれることがあるということだ。直感は幸運へ向かうための力であるが、この〝感じ〟には、直感の持つような判断力という光はない。だから私たちがその〝感じ〟を直感だと思い込み、それに従って道を進むということは、闇の中を不運に向かって進むというのと同じである。

▼直感と願う心

直感に似た〝感じ〟を生む心とは、主に、〈願う心〉〈不安な心〉〈信じる心〉の三つである。ここからは、この三つの心について考えてゆきたい。

まずは、〈願う心〉である。ある娘が母親にこう言った。「確かにジョンはひどくお酒を飲むけど、結婚したら、私が止めさせるわ。私には、絶対ジョンを助けてあげることができる。そう感じるの」

これは直感だったのだろうか？　それから二年後、離婚することを決めた娘は母親に切なく打ち明けた。「今考えれば、心の奥ではいつも、あの人はお酒をやめないんじゃないかと思っていたように思うの。でもあの人のことを愛していたから、助けてあげたかったのよ。だからきっと私は、助けてあげることができるんだ、と思おうとしていたのだわ」

娘は男を助けることができると感じたが、それは願う心から生まれたものだったのである。この話から分かることは、願う心はチャンスを甘く判断してしまうということだ。もし私たちがこの娘のように、危険を伴うチャンスを扱えると感じるときには、単に願う心からそう感じている場合がある。だからこそ、果たしてこの感じは直感なのだろうかと疑ってみる必要があるだろう。

心理学者グループが、西部のある大学で実験を行なった。大学には、五セント硬貨を入れて遊ぶスロットマシンが置かれていた。このスロットマシンは学生たちに人気だったが、調べてみると、五セントが五ドルになる当たりは、千回に一回くらいの割合でしか出ないことが分かった。この事実を学生に明かした。そして一ヵ月後、どれくらいの学生がまだスロットマシンで遊んでいるかを調べた。するともともと遊んでいた学生のうち八十パーセントは、まだ遊んでいた。そして、なぜ当たる確率が少ないのにやるのかと尋ねたところ、三十五パーセントの学生が、当たりを当てることができるという〝感じ〟がするからだと答えた。

良い夢を見た後は、この感じが生まれやすい。そしてそれを直感だと思い、それに従ってつき進めば、こっぴどい目に遭うこともある。そのよい例証を一つ挙げたい。第一次世界大戦時、フランス陸軍の大尉として戦ったアラン・ジョリベの皮肉な体験談である。

ある夜、ジョリベは夢を見た。とても鮮明な夢だった。その夢のなかでジョリベは、駐屯地の近くの村をドイツ軍が攻撃するらしいという情報を得た。そこでジョリベは兵士を連れて村へ行き、住人をすべて避難させ、村の防備を固めた。そして攻撃してきたドイツ軍の大部隊を打ち破った。こうして武功を立て、最高司令官から褒め称えられ、戦功十字章を授かり、昇格した。ここでジョリベは目が覚めた。胸の沸き立つような、なんとも愉快な夢だった。そしてこれは正夢だと〝直感〟した。ジョリベはすぐさま精鋭を選りすぐり、勇ましく村へ向かった。

ところが、村の入り口まできたところで、屈強のドイツ軍偵察隊と遭遇し、銃撃され、捕らえられた。ジョリベは負傷し、そしてそれからの二年間を捕虜収容所で送ることとなった。

▼不安な心は信頼できるのか？

夢の中で直感の声を聞いたり、閃きを得たりする人もいる。例えばデカルトは、夢の中でいくつかの言葉を聞き、その言葉が彼の哲学の核になったと言っている。また心理学者は、夢には人の感情ばかりでなく理性も働いていると言う。だから夢のなかの声も、まったく信頼できないものとは言えないだろう。しかし、「夢の声を尊ぶ者は、やがて訪れるであろう危険を信じない」という言葉もある。だから、夢の中の声は、きちんと現実を見つめてチャンスを判断する際の参考とするくらいが適当である。

それでは次に、〈**不安な心**〉について考えたい。実は、不安な心は、私たちを不運へ導くどころか、災難から救ってくれることがある。実際、不安な心から何かを感じ、注意し、それで命拾いをしている人は少なくない。ある男性は闇夜に田舎道を歩いていたところ、何となく嫌な感じがしたので足を止め、火を点けた。すると三歩先に毒蛇がとぐろを巻いていた。男性はこう語っている。「蛇がシューシューいう音とか動く音とかを聞いたわけじゃないですよ。ぼくは危険があると直感したんですよ。だから足を止めたんですよ。そうでなかったら蛇を踏んづけていたでしょう。いやあ危なく死ぬところでしたよ」

男性は不安な心より生まれる感じ（もちろん直感ではない）によって救われたわけである。では、不安な心から生まれる感じは信頼できるのか、と言えばそうではない。不安から生まれる感じは、たまたま当たるだけだと考えるべきである。この例の場合も、偶然の出来事だったのだ。男性は、夜道を歩いているという不安から、たえず危険が起こるのではないかと感じていて、そして一度ふと足を止めてみたら、偶然にも蛇がいたというだけの話である。

舞台演出家デービッド・ベラスコの少年時代の経験談もそうした例の一つだ。あるとき、地区の子供たちのために汽船での小旅行が計画された。デービッド少年は母親の許しを得て参加することにした。とても楽しみだった。そしていよいよ出発の日が来て、少年は汽船に乗りこんだ。ところがデッキから母親を見たところ、母親が桟橋で泣いている。母親は心配性で、我が子を心配するあまりこのように泣いてしまうこともよくあることだった。でも少年は思わずタラップを駆け降りて、母のもとへ行った。汽船は少年を残して港を出ていった。数時間後、汽船で大きな爆発が起きたというニュースが伝わった。船は大破し、多数の死傷者が出たということだった。

母親というものは、いつも子を思い心配するものである。だからこの例も、直感が働いたとか、不安な心は信頼できるとかいう話ではない。事故が起こりはしないだろうか、などといつも不安な心で考えていたところで事故が起きたというだけのことである。私たちが不安な心の声を信頼するなら、好ましいチャンスにさえ怖じて、背を向けてしまうだろう。これは付け加えるまでもないことだが、不安な心には、チャンスを正しく判断することはできないのである。

▼根拠のない物事を信じる心

根拠のない物事を信じる心とは、例えば、競馬で七番の馬は勝つと信じる心のことである。こういう心を持つ人は、馬券屋のいいカモにされるのだが、成功しているギャンブラーにもこうした信じる心はあるらしい。ジョン・W・ゲイツ（百万ドルを賭ける男）はおどけた調子でこう言った。「もちろん信じていることはあるよ。それは、七番の馬は勝たないということ。まあ、分析して勝つなと思えば七番にも賭けるけどね」

ギャンブルに限らず、どんなときにも根拠のない物事を信じてしまうと不運を招くものだ。ニューヨークの民生委員が、一人の男性の話をしてくれた。男性は失業し、妻と三人の幼い子と生活保護を受けながら暮らしていた。そんなある日のこと、友人トニーの妻が、まだ小さな二人の赤ん坊を遺して死んでしまった。トニーもまた失業中だった。そこで男性は、赤ん坊をぜひ引き取りたいと申し出た。「うちのかみさんがうちの子供とまとめて面倒を見てくれるさ」。そして引き取った。働き者の妻マリアは、夫の期待に応えようと、献身的に子供らの世話をした。

それから間もなく、男性は良い働き口を見つけた。「これはきっと……」と男性はマリアに言った。「トニーの赤ん坊が幸運をもって来てくれたんだ」。それからしばらくすると、トニーも仕事に就いた。だからマリアは言った。もう赤ちゃんをトニーに返してはどうでしょう——料理やら洗濯やら、本当はうちの子たちの世話だけで手一杯なのです。しかし男性は冗談じゃないといって怒った。「言っただろう、トニーの赤ん坊は幸運を呼ぶんだ。だからトニーが何も言ってこない限りは、家においておくぞ」

それから一カ月後、マリアは過労で倒れた。そして入院した。入院は長引き、費用もかさんだ。男性はすっかり気を落とし、赤ん坊は仕方なくトニーに返した。そして民生委員に言った。「ええ、ほんとうに不運でした。それというのも、マリアが赤ん坊を厄介払いしようとしたからですよ。マリアが、幸運を壊したんです」

根拠のない物事を信じる心というのは、盲信する心である。未開の人のようにそうした心を持って暮らせば、いずれ、斧を持ったチャンスに自ら首を差し出すようなことさえしてしまうかもしれない。若者でも大人でも、自分は未開の人などではないと言いながら、占星術を盲信する人は数知れない。しかし私たちは、星の力で幸運になれるはずはなく、また、自分が不運であることを、星のせいにすることもできないのである。

お守りの効能

私は、信じる心を否定しようとしているわけではない。決してそうではない。人というのはだれでも、何かを信じたいと思うものだ。そして何かを信じることによって、安心したり落ち着いたりする。例えば、部屋の壁を好きな色にすると自分に良い効果があると信じている人は多いだろう。このようなことを信じることは少しもばかげたことではない。好きな色の壁の部屋にいると、私たちはリラックスし、安心する。力が湧いてくることもあるだろう。仕事をするならはかどるだろう。ナンバープレートに〝ラッキーナンバー〟を入れると、同じような効果がもたらされる。事故を起こさないよう集中しなければならない運転の心強い味方である。いわば、お守りだ。

ニューヨーク市長として活躍したフィオレッロ・ラ・グァルディアは、選挙戦に入る前には決まって、クローゼットから着古しの黒色のコートを出した。彼は〝ラッキーコート〟と呼んでいた。そしてこのコートを着て、百十六番街とレキシントン通りの交差点――ハーレムの〝ラッキーコーナー〟へ向かった。そこで少数の聴衆を前に、ささやかな演説を行ない、家へ帰る。そうすると気分が落ち着き、自信が出るのだった。しかし、ここではっきり申し上げておかなければならないことがある。それは、グァルディアは決して、コートに頼りきっていたわけではないということだ。彼がコートをお守りにしていたのは、あくまでも心を安定させるためであり、彼は、選挙への周到な準備と努力を怠ることはなかったのである。

グァルディアのように成功した人物は多く、お守りを持っている。フランクリン・D・ルーズベルトのお守りは、帽子――よれよれのグレーのフェルトの中折れ帽だった。彼は大統領選の際は必ずこの帽子をかぶっていた。この帽子には、一つの逸話がある。三度目の大統領選を終えた一九四〇年の十一月四日、彼は大統領候補として選挙に出馬することはもうないだろうと考えた。だから帽子を、映画産業救済基金のオークションに出した。帽子は競り合いの末、俳優のエドワード・G・ロビンソンとメルヴィン・ダグラスの二人が手に入れた。ところが一九四四年、大統領はもう一度出馬することを決意した。そのことを聞いた二人は、帽子を大統領に返した。それによって大統領は勇気づけられ、帽子をかぶって選挙戦を戦い、当選した。このとき、ルーズベルト夫人はこう可笑《おか》しそうに言ったそうだ。「あの人は、あの帽子がなければ、だめなのよ」。現在、そのお守りの帽子は、ニューヨークのハイドパークにあるフランクリン・ルーズベルト博物館に置かれている。

このように何かを信じていれば、安心できたり元気になれたりする。幸運へ向かうための助けとなる。これはたいへん良いことだ。ただし、信じる物事に頼りきってはならない。頼りきってしまえば、不運が道の向こうの角から顔を覗かせる。数年前のこと、ある富豪の愛娘が行方不明になった。ニューヨークでヘレン・ヘイズの舞台を見た後に消えてしまったのだ。数週間後、悲しみに打ちひしがれていた両親のもとに、警察から、娘が発見されたとの連絡が届いた。娘はハリウッドの安ホテルの一室にいた。事情を聞かれると、娘は一つのコンパクトを取り出して見せ、舞台を終えたヘレン・ヘイズを楽屋へ訪ねて行ってもらったのだと言った。娘は、大女優からそのコンパクトを渡された瞬間、自分も大女優になれると〝直感〟した。そしてそのままカリフォルニアへ飛んだ。娘はずっと映画女優にあこがれていたのだ。そしていくつかの撮影所とキャスティングオフィスを回った。しかし、まったく相手にされず、落胆し、女優になることはすぐに諦めた。家に戻らなかったのは、自分のとった行動への恥ずかしさからだったそうである。

グァルディア市長のコートと同じく、娘のコンパクトもお守りの役目を果たすものだったが、娘はこれだけに頼ってしまった。だからチャンスを正しく判断できるはずもなく、成功するはずもなかったのである。

直感力に関する三つの質問

私たちは、直感力がチャンスを判断するための力であることを知った。そして直感というものが、三つの心から生まれる〝感じ〟とは違うものであることを知った。そこで最後に、次の三つの質問に答えていただきたい。そして自分の直感力について知り、幸運へもう一歩前進しよう。

まず、最初の質問。あなたにはどの程度の直感力があるのだろうか？　一般的には、男性よりも女性の方が直感力は強い。特に人を判断するときはそうだろう。また、理屈っぽい人よりもそうでない人の方が直感力は強い。

しかしもちろん、力の程度は人それぞれだ。質問の答えを出すためには、今までの人生の経験を振り返ってみていただきたい。その経験のなかに、確かに直感の力が働いていたという事実を見つけることができるだろうか。そしてその事実を一つでなく、たくさん見つけることができるだろうか。もしたくさんの事実があるなら、あなたは強い直感力を持っていると考えてよいだろう。ただしここで一つ大事なことは、自分の直感の力を正直に見つめるということだ。自分の人を見る目を得意にしている女性は多いが、そういう方のなかには、判断の一部を毎度毎度心の内でこっそり訂正している方がいる。このような女性は、自分の直感の力は弱いのだということを正直に認めなければならない。その事実を認めることが、幸運への一歩となる。

直感力の程度を知るには、直感の声の大きさも手がかりとなる。ある名うての株式投機家は株価の変動を予想する際、十回に一回くらいは、ちょうど目覚まし時計のアラームが鳴り響くような声を聞くのだという。そしてその声はいつも正しい判断を下すらしい。だから彼は〝目覚まし時計のアラーム〟を聞いたら、判断はその声に任せることにしているそうだ。

二番目の質問。あなたの直感力はどの分野でよく働くだろうか？　人には当然、直感がよく働く分野と、あまり働かない分野がある。例えば科学者なら、科学に関することには直感が働くけれど、人を見る目はあまりなく、じっくり観察しなければ判断できないという人がいるだろう。ある医者は、患者の心理はうまく感じ取ることができるが、（選挙に出馬したものの）有権者の心理はどうもよく分からなかったと言った。直感力がよく働く分野を知ったなら、その分野の直感の声にはより耳を傾けてほしい。

三番目の質問。あなたの直感力はどのようなときに働くだろうか？　一人でいるときよりも、大勢の人と一緒の方が働くという人もいる。逆に一人でなければ働かないという人もいる。それから、目を閉じて体を楽にしている状態が一番働くという人は多いようだ。目を閉じて楽にしている状態といえば、ベッドに入って眠ろうとしているときも同じ状態だ。こんなときは心身ともにリラックスしていて、雑念も少なく、忘れていた知識が意識に上ってきやすいのかもしれない。ベッドの脇に常にノートを置いている人もいる。眠ろうとして目をつぶっていると、ふとよい考えを思いつくことがあるので、それを忘れないうちに書き留めておくためだということである。モーツァルトは、ビリヤードをしているときが良い旋律が浮かびやすいということを発見したそうである。ハイドンは、一人お祈りをしているときに、すばらしいインスピレーションが湧いたという。天文学者のウィリアム・ハミルトンは、閃きを得たいと思ったら、とにかく歩いたそうである。チャンスに対したときや、何かアイディアを求めるときは、できる限り直感力の働きやすい状態に自分を持ってゆくことである。

これまでの人生の経験をよく分析して、以上の三つの質問の答えを出し、〝理性の王〟の力をチャンスの認識に生かしていただきたい。直感力は、意識的な判断力を強化する力である。直感力を生かすなら、私たちはより正しい判断で幸運に近づくことができるのだ。

チャンスがやって来たときに、ふと何かを感じたら、まずはこう考えよう。この感じは、直感なのだろうか――願う心や不安な心や信じる心から生まれたものではない、直感なのだろうか、と。そしてその感じか直感であるなら、その力の声を聞こう。そしてその声と、正しい自己認識力、判断力、自尊心とともに、幸運を見つけてゆこう。

チャンスに反応する力

▼チャンスとともに運を生み出す

時に人は、天災や不可抗力の事故に襲われる。これは本書の冒頭で述べたように、既成の運である。兵士、船乗り、パイロット、深海潜水夫《ダイバー》といった人々は、こうした既成の運といつも隣り合わせだ。兵士なら、いつ流れ弾に当たるかしれず、船乗りなら、いつ難破して船もろとも沈むかしれず、パイロットなら、いつ墜落するかしれず、深海潜水夫なら、いつ命綱を失うかしれない。また私たちは、遺伝子によって親の性質を受け継ぐ。これも既成の運と言える。あるいは私たちは、どのような環境のもとに生まれ落ちるかを自分で決めることはできない。これもまた、既成の運である。

こうした既成の運は、私たちの力の及ばない運である。しかし、それ以外の運は、私たちが自分の力によって生み出してゆくものだ。そしてこの運を生み出してゆく力が、〈**チャンスに反応する力**〉である。私たちは子供ではなくなったときから、つまり、自分で物事を決めるべき年齢になったときから、この力でチャンスとともに運を生み出してゆくことになる。彫刻家のロダンは言った。「人はそれぞれに、チャンスという粘土で運を形作ってゆく」

　さて、ここで一つの事実を申し上げておかなければならない。それは、私たちの反応の仕方によって、一つのチャンスから幸運が生まれもするし、不運が生まれもするということだ。だから適当でない反応をすれば、幸運を約束しているかに思えたチャンスから不運を引き出してしまうことがある。逆に上手に反応すれば、好ましくないチャンスからでも、あるいは既成の不運からでも、幸運を生み出すことができる。

　あるアイルランド人の男性は、競馬で大当たりして大金を手に入れた。そこで仕事をやめた。しかし金は遊興と愚かな投機によって三ヵ月足らずで消え、金に困って仕事を探したが見つからず、それから苦しい貧乏生活を送る羽目になってしまった。これは、大金を手に入れたというチャンスに不健全な反応をしたため、不運を生んでしまったという例である。私たちは、心が不安定で感情を制御できないと、このような反応をしがちである。

　もう一つ同じような例を挙げる。これは一人の青年の話である。青年は、ある名家の娘と思いがけない出逢いをした。そして二人はたちまち惹かれあい、交際をはじめた。しかし青年は娘に一つの嘘をついていた。彼はごく普通の家庭に生まれ育ったのだが、そのことで娘に振られてしまうのではないかと思い、自分の家もたいへん由緒《ゆいしょ》ある家であると偽ったのだ。青年は高い教育を受けたインテリだったが（当然ながら、学があってもチャンスに上手に反応できるとは限らない)、人生の経験が浅く未熟だったから、自分を偽ればいずれその罰を受けるということを知らなかった。

娘との仲を保つために青年はせっせと話をこしらえ、その作り話を娘に聞かせた。また、娘を通じて知り合う人にも嘘で固めた話をした。しかしやがて嘘はばれた。娘は、青年のことを愛するようになっていたし、結婚さえ考えていたが、別れることを決めた。青年の家柄を問題にしたのではない。そんなものは少しも気にしなかった。ただ、青年が嘘をついていたことが許せなかったのである。青年の昔からの知人のなかにも、噂を聞いて彼のことが信用できなくなり、つき合いに距離を置くようになった者がいた。しかし青年には恥じる様子はなかったそうである。彼にはただ苦々しさと腹立たしさがあったようであり、まるで自分が犠牲者であるかのように振る舞ったそうだ。嘘をついたことが不運につながったということが分からなかったようである。

▼わざわいを転じて福となす

今度は、良い反応によって一つの災難から幸運が生まれた例を挙げてみよう。これは、ニューヨークに住む、私の知り合いの女性の話である。

ある日、彼女が通りを歩いていたところ、上から人が落ちてきて、彼女の目の前で地面に身をたたきつけて亡くなった。ビルの窓からの飛び降り自殺だった。その悲惨な光景に彼女は気を失い、病院へ担ぎ込まれた。彼女はたいへんなショックを受けていたが、日が経つとともに、少しずつ立ち直っていった。しかし、胸の内には一つの不安が頭をもたげていた。彼女は妊娠していた。だから今回の事件がお腹の子供に何らかの影響を与えたのではないかと思い始めたのだ。数人の医者に相談してみた。すると皆、そのような心配はいらないと請け合った。でも彼女は医者の言葉だけでは納得することができなかった。そこで自分なりに確かめてみようと思い、母親と胎児のつながりや、外界の物事の胎児への影響などについて書かれた書物や雑誌を、かたっぱしから読んだ。すると本当に心配する必要はないことが分かった。ひと安心した彼女は、そこからさらに本を読み、胎児の心と体がどのように育ってゆくのかを学び、理解を深めた。やがて子供は無事に生まれた。そして彼女の愛情と理解のもと、健やかに成長していった。彼女は、子供というものが、その小さな胸でさまざまなことに悩むのを学んで知っていたから、子供を見守りながら、母親としてその悩みに気づいてあげるように努め、助けていったのである。彼女は、恐ろしい出来事がきっかけとなって、より良い母親となったのだといえる。だから彼女は今、その出来事を、一つの幸運への転機だったと考えている。

強く建設的な心があれば、嫌な出来事や辛い経験や病気を通して、人生の視野を広げることができる。ある男性は、かつて患った胃潰瘍を〝幸運のもと〟だったと思っている。男性はある日、胃に激しい痛みを覚えたので医者へ行ったところ、胃潰瘍だと診断された。そのとき医者から、胃痛や潰瘍、慢性の便秘、不眠、肥満、頭痛、高血圧といった病は、精神的なものが原因で起こることが少なくない、ということを教わった。だからこうした病には薬よりも心理療法が効くということだった。男性は半ば信じられない思いもあったのだが、医者の勧める通り治療を精神科医に任せた。すると胃潰瘍は治った。そして、仕事や家庭生活に対する心の持ち方に問題があったことを知り、それからは精神面に気を配るようになり、心身ともに健康な生活を送ることができるようになった。胃潰瘍になったという不運が、なるほど、幸運のもとだったのである。

手足が不自由になってしまった人、失明してしまった人、一生消えない傷を体に負ってしまった人、そういった人々が、その悲しい出来事に勇気を持って力強く反応し、それからの人生に幸せを見いだしてゆくことを私たちは知っている。たぶん、最初はだれもがわが身の不運を呪うのだろう。しかしそこから自暴自棄に陥るのでも、絶望に沈むのでもなく、幸運を生み出してゆく。「チャンスが降りかかってきたら、それがどのようなチャンスであっても……」とギリシャの哲学者エピクテトスは書き残している。「さてこのチャンスをどう人生に生かそうか、と思いなさい」

もう一つ、災難から生まれた幸運の話を紹介しておこう。ジョージ・バーナード・ショーの人生は、四十歳のときに、足を骨折するという出来事から大きく変わった。彼には悩んでいることがあった。結婚についてである。相手はシャーロット・ペイン・タウンゼンドという、まだ若く、気立ての良い、裕福な女性だった。シャーロットはショーの妻となることを望んでいた。しかしショーは、気ままな独身生活が気に入っていた。また、シャーロットのことは好きだったし尊敬もしていたが、愛という言葉で表現できるような感情はもっていなかった。創作活動に専念したいという思いもあった。それに中年となって、生活のリズムというものができあがっていたし、プライバシーがなくなるのが耐えられないことのようにも思えた。こうして結婚というものの不幸な面を思うと、あまりにも犠牲が大きいように感じられて、なかなか踏み切ることができないのだった。そして結局、結婚はできないと結論をだした。そこでシャーロットの田舎の邸宅を訪ね、その決断と理由をはっきりと告げた。

ショーはシャーロットを傷つけてしまったことが分かっていた。重い気分で自転車をこいで滞在している宿屋へ戻っていたところ、道に転がっていた大きな石に気づかずに車輪を当ててしまい、そのまま自転車ごと派手に倒れて、足の骨を折ってしまった。このことはすぐにシャーロットの耳に入った。シャーロットは使いの者を呼んだ。宿屋では何かとご不自由でしょう、わたしの家へいらっしゃいませんか、わたしがお世話をいたします、そう私が言っていると伝えてちょうだい。そしてメッセージは届けられた。この申し出を受けるということがどういうことなのか、ショーにはよく分かっていた。しかしショーはシャーロットの心の優しさをしみじみと感じ、それに比べてわたしはなんと身勝手な男だったのだろうと思った。そして、シャーロットのもとへ行くことを決めた。それからひと月、ショーはシャーロットの看護を受けた。またシャーロットは仕事の支えにもなり、良き話し相手ともなってくれた。やがて二人は結婚した。この結婚によってショーの人生には、互いを思い合う深く静かな愛情と幸せがもたらされ、そしてその後のショーの作品は、さらなる深みと趣きを加えてゆくことになる。

反応する力で運を生み出すことを理解したら、次に、反応する力となる資質について学んでゆこう。さまざまな事例の研究から、チャンスに上手に反応するためには、次の三つの資質が欠かせないことが分かった。それは、〈エネルギーのある心〉〈想像力〉〈畏敬する心〉である。これらは、チャンスという粘土から幸運を形作る、三大資質である。次章ではそれらの資質を考えてみよう。

第Ⅲ章

チャンスに反応する

運は準備のできた心を好む。

――――――― パスツール

エネルギーのある心

▼冷静な心

〈エネルギーのある心〉とは、チャンスに強く前向きに反応できるさまざまな心のことを総称している。この章では、そのさまざまの前向きな心の中で、特に注目すべき三つの心――〈冷静な心〉〈自信を持つ心〉〈決然とした心〉――の働きについて、例証とともに具体的に見てゆきたい。

まずは〈冷静な心〉から。ある小さな会社の社長だった女性が一つの経験を語ってくれた。女性は会社の合併を考えていた。合併する相手は、女性の会社よりも少し規模の大きな会社だった。ある日の午後遅く、相手方から郵便で、合併の条件等を記した書類が送られてきた。そこで目を通してみると、一つの条項に、女性側にとってははなはだ不利だと思われる箇所があった。人をばかにしている。憤りを覚えた女性は、直ちに秘書に口述して手紙を書かせた。その手紙の文面は辛辣なものだった。そして最後にサインを入れようとペンを手にとったが、ふと、手紙を送りつける前に書類を読み直してみるべきではないかと思った。忙しくしているなかで読んだから、もしかしたら見落としていることや勘違いがあるかもしれない。

そこでとりあえず家に戻り、夕食をとった後、ブリーフケースから書類を取り出し、ゆっくりした気持ちで例の条項を読んでみた。すると、あまりに一方的だと思われる箇所と、後の文章とのつながりがどうも不自然だった。何かの一文がすっぽり抜け落ちているような感じがした。タイピストが打ち損ねたのかもしれなかった。そこで次の日オフィスへ行くと、まず前日の手紙を破り捨てた。そして、条項に誤りがあるのではないかということを丁寧に書き添えて、書類を送り返した。すぐに返事の手紙が届いた。手紙には、ご指摘通り書類に不備がございました、とあり、その後に率直なお詫びの言葉が記されていた。たいへん快い手紙で、それに正しい書類が同封されていた。この一件があってから、互いの間に信頼感が生まれ、交渉は彼女にとって満足のゆくかたちで成立した。

人間というのはつい感情のままに行動しがちだが、そうした衝動的な行動は良い結果へとはつながらないものだ。もし彼女がカッとなったまま文句の手紙を送っていたら、合併話は御破算とされていたかもしれない。しかし彼女はカッとなった後に冷静さを取り戻した。その冷静さが、幸運を生み出すエネルギーとなったのである。

チャンスに反応する際に大切なことの一つは、チャンスとその周りの物事の関係を知ることである。つまり、状況を把握するのだ。そして把握した状況に即して、どうチャンスに反応するべきかを考える。こうした過程においても冷静な心が必要になる。

J・P・モーガン商会の共同経営者だった、ヘンリー・P・デービソンは、青年の頃、一つの危機を冷静な状況把握によって切り抜けた。彼のキャリアは、毎日、安月給で黙々と働く銀行の出納係《すいとう》から始まった。そんなある日のこと、ヘンリー青年の窓口に、背が高く、とても痩せた男がやって来て、一枚の紙切れを差し出した。何だろうと思って見ると、紙切れにはこう書かれていた。「これを持参する者に五千ドルを支払うこと」。そしてサインがあった。「全能の神」

顔を上げると、リボルバーの銃口が彼を狙っていた。男の目は異様に光っていた。どうしよう。ヘンリー青年は、ここで対応を誤るなら命はないかもしれないと思った。他の人々の命もどうなるか分からなかった。ちらっと警備員を見た。事態には気づいていないようだった。離れた場所でよそを向いている。そこで彼は、隣の窓口の係に何らかの方法で危機を伝えようと考えた(これは、現在と違い、窓口ごとに警報装置が備えつけられていなかった頃の話である)。そしてまずは、男を刺激しないよう普段通りの気さくな感じで応対した。「お札の種類はどうされますか――全部百ドル札でよろしいですか?」

男は内にこもった声で答えた。「それでいい」。ヘンリー青年はお札を取り出した。目は男から離さなかった。そして言った。「ぼくはとても光栄に思います」――ここで少し声を高め――「全能の神からの小切手を扱えるのですから――五千ドルでよろしいのですね」

この声は、彼の願い通り隣の係の耳に届いた。係は横を見るとすぐに状況を察し、さりげなく席を立って、男に気づかれないように回り道をして警備員の方へ向かった。ヘンリー青年は時間をかせぐために、時々男を見上げながらゆっくりとお札を数えていった。

警備員が後ろからすっと男に近づいて、素早くリボルバーを取りあげた。そしてそのまま男を外へ連れ出した。こうして事件は落着した。そしてヘンリー青年は、この一件で見せた機転を頭取らに買われ、年若でありながら責任ある地位に取り立てられた。その後大きく成功した彼はよく、この出来事を愉快そうに思い出しては言ったそうである。「あのいかれた男がやって来なかったなら、今の私はなかったかもしれないな」

▼自信を持つ心

〈自信〉は大きな心のエネルギーとなる。この自信というエネルギーがあれば私たちは、強くしなやかにチャンスに向かってゆくことができる。しかし私たちは心が不安定なとき、とりわけ心に不安があるときは自信が持てないものだ。では、そんなときどうすれば私たちは自信を持つことができるだろうか。

一つは、〝チャンスに備える〟ことである。備えがあれば、憂いはなくなる。その例証として、クライスラー社の創立者であるウォルター・P・クライスラーが語った話を紹介する。あるとき、一人の社員が重大なミスを犯した。普段ならクライスラーは、こういった問題の処理は部下に任せるのだが、このときは事が深刻だったため、その社員に直接事情を聞くことにした。彼は解雇はやむを得ないと考えていた。そして社員を呼び、厳しく問い質した。すると社員は少しも動じず、自分が正しいと思って行なったことであると、はっきりした口調で主張し、問い詰められても一歩も譲らなかった。その態度は実に堂々たるものだった。「それで私は心が変わった。彼をクビにするのをやめたのだ」とクライスラーは言った。「確かに彼はミスを犯した。しかし彼のあの態度を見て、これはなかなかの男だなと思った。失うには惜しい人材だとね」

社員は、クライスラーから呼び出されることを知っていたから、おそらく質問を想定し、それにどう答えてゆくべきかをじっくり考えていたに違いない。彼はこうしてチャンスに備えていたから、自信に満ちた態度で答えることができた。そしてその態度が幸運を生み出したのだ。もし彼が、追及されてひるんだり、しどろもどろに答えたりしていたなら、クライスラーの気持ちを変えることはできなかったろう。

また私たちは、〝心に暗示をかける〟という方法で自信を持つこともできる。私たちは、何かを行おうとするときに、「きみならやれるさ」といった明るい言葉をかけてもらえると自信が湧くものだ（なお、おそらくきみは失敗するだろう、と予言する悲観論者は私たちの心のエネルギーを抑え込んでしまう）。スポーツの世界なら、選手たちに「お前らは絶対勝つ！」と声をかける監督は多いだろう。

有名イラストレーターのエドワード・A・ウィルソンは、人前で話すのが大の苦手だった。そんな彼があるとき、著名な作家や芸術家の集まる晩餐会でのスピーチを頼まれた。彼は断ろうとしたが、どうしてもとお願いされてしぶしぶ引き受けた。そして晩餐会の日がやって来た。朝から不安だった。一応考えているスピーチが、なんとも味気ないもののようにも思えた。昼になると友人らがランチに連れ出してくれた。ウィルソンは、友人らの気遣いが嬉しかった。そして、一人沈んで場を暗くするのは悪いという気がした。そこで自分から何か明るくなるような話をしようと考え、若き芸術家だったころのシカゴでの自由奔放な日々を思い出し、その頃のことを語って聞かせた。すると友人らはとても愉快がった。それでウィルソンは、これをスピーチにしようと思い、ランチの後さっそく話を紙に書き、タイピストに打ち出してもらった。するとタイピストがこう言った。「とても楽しい話ね。これなら大丈夫よ」

このひと言がウィルソンの心に暗示をかけ、不安をふっ飛ばした。そして晩餐会を迎え、いよいよのときがやって来ると、ウィルソンはしゃきっと立ち、あがることもなく話を始めた。それから会場は楽しい笑いに包まれ、スピーチは大成功に終わった。

こうした暗示の力を、自分から積極的に利用しよう。自分で自分に暗示をかけるのだ。いわゆる自己暗示である。最近、ある会社の幹部が、ワシントンの連邦議会の委員会に証人として喚問された。彼の会社は違法行為を行なったとの疑いをかけられていた。彼は不安だった。会社が正しいとは信じていたのだが、うまく答弁できるかどうかが不安だったのである。会社の将来が彼の肩にかかっているのだった。その彼が、あと三十分で委員会が始まろうかという時に姿を消した。いったいどこへ行ったのだろうと部下が気を揉んでいると、ぎりぎりになって、大きな足取りで委員会室へ入ってきた。先ほどとは打って変わり、顔からはこわばりが消え、口元には笑みさえ浮かび、目には強い光りがあった。そして追及に対して昂然《こうぜん》と胸を張って答えていった。そして喚問は彼の勝利に終わった。答弁は見事なものだったので、議員のなかにはそれを誉めるものさえいた。

後に彼は友人らにこう明かした。ぼくは「自分に活を入れた」のだと。「喚問の前の三十分間、外を歩きながら繰り返し自分に言い聞かせたんだ。お前は真実を知っている。だから真実を言うだけだ。お前は答えを知っている。だからどんな質問でも恐れるな。議員は納得する。お前は負けない！　そうさ、負けるわけがない！　勝利はもう手の内にあるんだ！」

自己暗示は、程度をわきまえて使うなら、たいへん効果的な方法である。以前フランスの心理学者クーエは、特に女性に対して、こんな勧めを行なった。毎日朝起きたら鏡の前に立って「毎日、少しずつ、わたしはきれいになる」と五分間繰り返し呟きましょう、と。この自己暗示は当時は流行《はや》ったものである。少々奇妙と思われるかもしれないが、これも理にかなったものであり、どのようなやり方をとるにしても、基本的には「わたしはやれる！」、「自分を信じろ！」といったことを自分で自分に呼びかけて心のエネルギーを高めるのだ。

また、表情や立ち居振舞いから心に働きかけるという手もある。試しに今、背をぴんと伸ばし、顔を上げ、前をしっかりと見て、笑顔を作ってみていただきたい。何となく、自信が湧いてこないだろうか？　人前に出るのが苦手でひっこみ思案の女性なら、綺麗な服を着て美しく化粧をしてみよう。ある恥ずかしがり屋の少女は、初めてのデートの前の日の夜、鏡の前でとっておきの表情を作って優雅に歩いてみたら、ちょっぴり自信がついたそうである。

▼決然とした心

人はだれでも、人生の目標や夢を持つものだ。しかし、目標や夢に向かって進む際には、困難（チャンス）がつきものである。私たちは、目標や夢への道を開いてゆこうと思うなら、その困難を前にめげたり挫けたりせず、困難に決然とぶつかってゆかなければならない。

ニューヨーク州の小さな田舎町のドイツ人医師が語った話を紹介したい。医師はドイツからその町に移り住んだのだが、ある人がこの医師に、なぜこんな辺鄙《へんぴ》な土地に落ち着くことになったのかと尋ねたところ、その理由を、強いドイツ訛りで快活に話してくれたそうである。
「ぼくはドイツで学び、医師免許を取得しました。でもドイツには働き口がなかったので、妻と一緒にこのアメリカへやって来ました。しかしアメリカも状況は同じでした。医者は余っていたのです。とりあえずニューヨークで病院という病院を当たってみましたがほとんど門前払いでした。アメリカ人の若い優秀な医者たちさえ雇ってもらえなかったのですから、ドイツ人のぼくなど入り込めはしませんでした。自分で開業するのは難しいことでした。何のつてもありませんからね。それで、どうしようかとただ悩む日が続きました。貯えは少しはありましたが、暮らしははなはだ心もとないものでした。でもある日、塞いでばかりいてはいけないと思い、気晴らしにしばらく田舎巡りをすることにしたんです。そこで小さな中古車を買い、出発しました。妻もぼくも田舎が気に入りました。ニューヨークよりもずっと環境が良いですからね。それで妻の考えが変わったのです。『こういう田舎で開業してみたらどうかしら？』
でもぼくは、それは無理だと思いました。『こういうところでは外国人を信用しないに決まってる。それに田舎の町には必ず一人、昔からの馴染みの医者というのがいるものだよ。よし開業するとしても、どこでどう始めたらよいのか見当もつかないよ』
しかし、ぼくの妻というのは言い出したらきかないのです。そしてそれからというもの、ガソリンスタンドに入れば店員に、食堂に入ればウエートレスにこう聞くようになりました。『この町ではお医者をお探しではないかしら？』。ええ、みんな訝《いぶか》るような顔をしましたよ。そして決まって、いいえ、この町にはスミス先生がいますから、ジョーンズ先生がいますから、ブラウン先生がいますから、と答えるのです。ぼくは妻にやめてくれと言いました。『ヒルダ、頼むよ。ぼくは恥ずかしくってしょうがないよ』。でも妻はへいちゃらなのです。妻はこうと決めたらとことんやる女でして。そうしなければ気がすまないたちなのです。ぼくはガソリンスタンドに入るのが本当に嫌でしたね。入れば開口一番、『この町ではお医者をお探しではないかしら?』ですから。

そうして数週間が過ぎました。しかし空振りばかりで、さすがのヒルダも弱音をもらし始めました。それでぼくは車を走らせながら言いました。『ヒルダ、もうこんな途方もないことはよそう。あきらめるしかないよ』。そうしたら妻は『そうね、そうなのかもね』と呟きました。そのすぐ後で給油しようとガソリンスタンド(ついそこにあるやつですよ)に入りました。するとヒルダが深く息を吸いこみ、ぼくがあっと思った時には例の質問を口にしていました。そうしたらなんと、店員が頭を掻き掻き、『なんでそんなこと聞くんだい。このあいだ、古先生が病気で死んでしまったもんで、早いとこ新しい医者を見つけなけりゃならないなって、みんなで話してるところさ』

ヒルダはぼくを見てひと言『やったわ』と言いましたっけ。そしてぼくたちはこの町に来て、町の人々と相談し、診療所を開いたのです。それからはすべてうまくいっています。友達もいっぱいできましたし、どうやらここが第二のふるさとになりそうです」

目標や夢へは、決然として、進んでゆこう。そしてそのエネルギーを生むためには何よりもやはり、目標に到達したい、夢を叶えたいと心から思うこと。そして胸に希望を忘れないことである。

想像力と運

▼健全な想像と不健全な想像

これは、ペンシルベニア州の西部の町の、あるガソリンスタンドでの話だ。このガソリンスタンドに、給油のため車を入れた男は、驚いた。というのも、出てきた店員が片腕しかない若者で、そしてその一本の腕でたいへんてきぱきと仕事をしたからである。そこで男は店長に、感心なものだねと言うと、店長は頷いた。あいつの働きは腕の二本ある人間にもひけをとらない、本当によくやってくれているよ。そしてこう話し始めた。「半年くらい前になるかな、あいつはここにおんぼろの車でやって来てね。そして、給油をしている間に、少しためらいがちに頼んできたんだ。『ぼくはこの前、軍の病院を出ました。それから仕事を探しているのですが、片腕の男などまるで相手にされません。それで、あの、ここでは雇ってもらえないでしょうか？』

うちじゃ人は足りなかったんだが、なにしろあいつは片腕だろ。それで困っちまってね。するとそのとき、一人の女がでかい車で入ってきた。でもあいつの給油がまだ済んでなかったんでちょっと待たせたんだ。そしたら女が早くしてちょうだいよと催促してね。ずいぶん横柄な口をきく女だったよ。それでおれが『こっちが片づき次第すぐやりますんで』と返事をしたんだが、女はいらいらして待ちきれずに出て行こうとした。するとあいつが『もしよかったらぼくがあの方の給油をしましょうか』と言って——そりゃあ器用にやったんだ。それにあいつは几帳面でね。だもんだから、女のしかめっ面もいつのまにか消えてたよ。それでおれは想像してみたんだ。片腕の元兵士がうちのユニフォームを着て頑張って働く姿。そしてそれを微笑ましく眺める客の顔。

なかなかいい光景じゃないか。そしてあいつには仕事がやれると見た。それで雇ったというわけさ。もちろんあいつには一人じゃ出来ないこともある。タイヤの交換とかさ。でもだいたいのことはこなすよ。で、今じゃあいつ、この辺りの人気者になっちまって。それで客も増えてね。おかげで繁盛してるよ」

この話で注目したいのは、店主が、チャンスを前にして想像力を働かせたこと、そしてそれが良い結果へとつながったという点である。想像力は、私たちの人生に豊かな彩りと活気を与えてくれる。詩人は、さえずりながら高空を飛ぶヒバリを歌にしてきた。主婦は、あれこれ考えを巡らしながら家を美しく飾ってきた。男たちは、街を思い描きながら荒野を開拓してきた。かの発明家は、凧から夢を膨らませて飛行機を作った。人間のすばらしい軌跡をたどれば、そこにはいつも想像の力が働いている。

言うまでもなく、すべての想像が幸運へつながるわけではない。例えば、自分の欲望を満足させるための想像には注意が必要である。もちろんだれでもときには、権力を望んで空中楼閣を築いてみたり、叶わぬ恋を叶えてみたり、夢の世界を漂ってみたりするものだ。これはごく普通のことである。夢見る少女が、おとぎの国のお姫様になったつもりで、母親の皿洗いの手伝いを拒否するくらいは可愛らしいものである。男性諸君が、ハリウッドの美人女優をはべらせてセーリングを楽しんでいるところを夢想するのも、まあたまには良いだろう。しかしこうした想像にいたずらに耽ると、想像の世界に心を奪われ、そのバラ色の世界の前では現実がなんともつまらないことのように思えて、その現実と取り組んでゆく意欲をなくしてしまうことがある。

想像にはもう一つ厄介なものがある。それは、不安な心が掻きたてる想像である。不安な心は物事の明るい面を見ることができずに、暗い面ばかりからみだりに想像を膨らまし、暗く歪んだ世界を作り出す。ある妻はいつも、夫が出張するたびにこんな想像をした。あのひとは私の目の届かない所へ行く、そして街の女があのひとを誘い、あのひとはその女の腕のなかで眠る、男というのは妻を裏切るものなのだから。そして妻の不安な心は真実を置き去りにするのだった。その真実とは、夫は真面目で仕事熱心な男であり、戯《たわむ》れの恋をする気などこれっぽっちもなかったということだ。

そんな妻に夫はいつも、何も心配はいらないんだよと言い聞かせていた。それでも妻は暗い想像をしてしまう。そんなある日のこと、家に夫の友達がやって来た。夫は折りしも出張中だった。それで友達は、妻をちょっとからかってやろうと軽い冗談を口にした。あいつ、今ごろ、浮気してんじゃないか。

妻の胸の内に疑念が沸き起こり、矢も盾もたまらず家を飛び出した。そして飛行機で夫の出張先の街へ飛び、ホテルへ直行して、ノックもせずに部屋の扉を開けた。夫は、大切な商談の最中だった。そこへ嫉妬に狂った女さながらに妻が飛び込んできたものだから、夫は、恥ずかしくて顔から火の出るような思いをし、それからは仕事を平静に進められるはずもなく、商談は成立しないまま終わってしまった。夫は怒りを抑えることができずに妻を怒鳴りつけ、それから激しい言い合いになった。そしてこの事件以降、夫婦の仲は急速に冷めてゆき、一年後、二人は離婚した。

こうした欲望や不安が掻きたてる想像は、不健全な想像である。では健全な想像とはどういうものなのかと言えば、それは決して現実から離れることのない想像である。例えば、目の前の事実と、これまでの人生の記憶とを考え合わせながら、未知の物事を思い描いてゆくことである。

大きな事を成し遂げた人というのはたいてい、こうした想像をする力が逞しく豊かだ。ヘンリー・フォードは健全な想像の力で、生産の知識と市場経済の知識を結びつけ、大量生産による低価格の自動車を初めて世に送り出した。ウォルター・リード医師は健全な想像力を働かせて、黄熱病が蚊を媒介に伝染することを突き止めた。こうした人々は、目の前のチャンスを観察し、その観察によって知りえたことと、それまでの知識や経験とを、現実という枠の中で筋道を立てて、かつ生きいきと大胆に結びつけながら、まだ見ぬ事や知らぬ世界を思い描いてゆく。そして独創的な成果を生み出してゆくのである。

▼感情移入

私たちは想像力を働かせると、人の感情を共に感じることができる。心理学ではこれを、〈感情移入〉と呼ぶ。私たちは、この感情移入を日々無意識のうちに行なっている。サーカスの曲芸師が綱を渡り始めると、それを見ている私たちは緊張する。これは感情移入するためだ。だれかが笑っていると私たちもつい顔をほころばす。これも、感情移入による。野球でピッチャーの投げた球がバッターに当たれば、私たちは思わず身を縮こめる。テレビの討論番組で、討論者が司会者に突っこまれて言葉にぐっと詰まると、見ているこっちまで喉のあたりが苦しくなってしまう。また演劇を観たり小説を読んだりするときは、登場人物たちと一緒に一喜一憂する。このように、人の気持ちを自分の気持ちとして受けとっている。

この感情移入を、もっと意識的に生活に取り入れたい。想像力を働かせて人の気持ちや思いを感じ、そして人の心を理解するよう努めるなら、幸運を生み出すことができるからだ。その良い例証として、ニューヨークで社長秘書として働くM・W嬢の経験談を紹介する。W嬢はビジネススクールを卒業すると、仕事を探し始めた。そしてある小さな製造会社が個人秘書を募集していたので、面接を受けることにした。当日、控え室に入ると、いきなり男性の怒声が耳に飛び込んできた。「いつまで人を待たせるつもりなんだ！　ふざけるな！」。そして男性はそのまま猛烈な勢いでW嬢をかすめて部屋から出て行った。W嬢は、早くから来て待っていたらしい他の面接者らに並んで椅子に座った。みな男性の剣幕に唖然としていた。そして隣の女性と向こう隣の女性のひそひそ話から、秘書の手違いで、男性が面接の順番をずっと後回しにされていたということが分かった。そしてこの事態を招いた当の社長秘書はおろおろしながら、面接者の一人が怒って帰ってしまったことを内線で社長（L氏）に伝えた。

それからしばらく経って、W嬢の番になった。L氏はお定まりの質問を始めた。そこでW嬢はこう切り出した。「私の速記の技術は十人並みです。それに他の方のように秘書として働いた経験はありません。でも秘書には、速記の技術などと同様に、人を扱う能力や人への気配りというものが必要だとはお思いになりませんか？　人は、自分が雑に扱われると、良い気持ちはしませんよね。それから私は、人を和ませたり楽しませたりするのが得意です」

L氏は、まったくその通りに思っていたところだった。もう少し秘書に気配りがあり、人あしらいがうまかったら、男性を怒らせることもなかったろうと。そしてL氏はそれからもう少し質問をして、W嬢の人柄を見込んで秘書とすることに決めた。

W嬢は一つのチャンスから、L氏の秘書の能力の不足を垣間見た。そして、秘書に男性の一件を伝えられた社長の気持ちを想像してみた。きっと、秘書の不手際を嘆いているのではないかしら？　そしてもっと気の利く秘書が必要だと思っているのでは？　（ちなみにW嬢は、もしかしたら社長さんはハンサムな独身で、わたしに一目惚れしちゃって、それから素敵な恋が始まるかも、などというふわふわした想像を膨らますことはなかった）。そして自分をどうアピールするかを考え、そのアピールでL氏の心を掴み、そして仕事を掴んだのである。

▼思いやりの心

人と人との交わりのなかで大切なことの一つは、感情移入によって人の胸中を察し、そこから相手に深い同情を寄せたり、親身になったり、やさしく接したりすることである。つまり、人を思いやるのだ。人の世では、多くの幸運の物語が、思いやりの心から生まれている。その典型的な例証を挙げる。これはあるドレスショップでの出来事である。ある日、一人の店員が不注意から、売り物の高価なドレスを尖った物に引っかけて破いてしまった。それを見たオーナーは咎《とが》めようとした。しかし、店員の青くなった顔と、それを眺める他の店員らの心配そうな表情を見ると、はっと思い直して、こう言葉をかけた。「なに、気にすることはない。だれだってやってしまうことさ。どれ見せてごらん、修繕できるかもしれないぞ」

この、ちょっとした思いやりの反応が思わぬ幸運を生んだ。実は、それまでの店員らとオーナーの関係はぎくしゃくしたものだった。ところが、この一件の数日後がちょうどオーナーの誕生日で、その日に店員たちがパーティーを開いてくれたのだ。こんなことは初めてだった。時間がなかったから、急ごしらえの小さなものだったが、心がこもっていた。そしてみんなからといってプレゼントも贈ってくれた。その後職場の雰囲気は良くなり、店員らはより熱心に働くようになり、そしてオーナー自身も、みんなと心が溶け合ったことで仕事に楽しく取り組めるようになった。「それもこれも、あのドレスが破れてくれたおかげですよ」とオーナーは言ったが、そこから幸運が生まれたのは、オーナーが想像力を働かせて店員の心を思いやることができたからである。

思いやりという魔法の杖が、チャンスに触れて、幸運が生まれた話をもう一つ紹介しよう。幸せな結婚生活を送るある男性が、妻とのそもそものなれ初めについて語ってくれた。

「妻とは映画館の切符売場で出逢いました。妻は切符の売り子だったのです。ある日ぼくは映画を観ようと切符売場の列に並びました。そして順番がくると、窓口の女性（妻のこと）に切符を一枚と言いました。そのときぼくはふと、こんなことを思いました。窓口にはすべて格子がはめてあり、そしてその格子を前にぼくらは並んでいました。だから格子の向こうの彼女はかわいそうに、檻に閉じ込められた動物園の動物のような気分なのではないかと。空の晴れ渡った天気の良い日だったのでなおさらそう思われました。それでぼくはそう言ったのです。すると彼女は、ええ本当にそんな気分だわ、と答えました。しかしそれからころころと笑いながら、でもこの檻がわたしをオオカミから守ってくれているのよと言いました。するとぼくらは何だか心が通い合ったような、昔から知り合っていたような気持ちになりました。そのときは話はそれで終わったのですが、人が引けると彼女のところへ戻り、今度一緒に動物園へ行きませんか、そしてぼくら以外の動物がどんなふうに暮らしているのか観察してみましょうよ、と誘ったんです。彼女は、いいわよ、と受けてくれました。それからぼくらの幸せな人生が始まったのです」

彼の小さな思いやりの言葉（これはもちろんナンパ目的の言葉だったのではない）が妻の心に快い感情を生み、そして二人を引きつけた。男と女の関係では、とくに女性は、思いやりがあり、自分の気持ちを理解してくれる人に惹かれるものである。

思いやりの心は、親子の間にもなくてはならないものだ。子供はさまざまな物事を繊細に感じる。それゆえに傷つきやすく、また不安を持ちやすい。親というものは、そうした子供の感じやすい心をともに感じるよう努め、不安定になりやすい心を思いやってあげなければならない。

ある男性は今、たいへん幸福で充実した人生を送っている。その男性が、子供の頃に聞いた大切な言葉があると言って、一つの思い出を語ってくれた。「私の家は小さな貧しい農家でした。だから子供の頃は、食べることがやっとの暮らしをしていました。ある春の日のことです。たしかぼくは七つでした。父と一緒に果樹園へおりてゆくと、いつのまにか林檎《りんご》の花がいっぱいに咲いていました。花は日に輝き、それはそれは美しかった。そのとき、父がこう言ったのです。『ほらな、だからなにも心配することはないんだぞ。おてんとさんと大地がこうやって毎年実りをくださるんだから』。なんだそんなことか、と思われるかもしれませんが、この父の言葉が、子供のぼくにとってどれほどの意味を持ったことか。どれほど力づけられたかしれません。そしてこれからもこの言葉が、ぼくの心の支えとなるでしょう」

子供の心の内を想像して、その心を思いやること。そして私たちも男性の父親のように、思いやりの言葉を子供にかけてあげよう。この話から分かる通り、ちょっとした言葉でいい。それで子供の心に安定をもたらしてあげることができるのだ。そしてその心の安定は、子供の、ひいては家庭全体のより良い幸運につながるはずである。

▼偏見は不運を生む

政治の歴史では、権力の座にあった者が失脚する話には事欠かないが、それは、政治家が国民の身になることができず、国民が何を必要とし、何を望み、何を思うのかを理解することができないからである。要するに、想像力が欠如しているのだ。想像力の欠如した人は、物事の見方や考え方が偏りがちである。だから、階級意識から抜け出ることができなかったり、異なる信仰に不寛容だったり、皮膚の色で人の価値を決めようとしたりする。そしてこうした奢《おご》った人や、異教を排除する人や、人種差別主義者は、人に対して不条理な敵対感情を抱きやすい。そのため、彼らは常に不運への候補者リストに名を連ねている。

テキサス州出身のあるビジネスマンは頭が古く、「世界で一番幸運なのは、このアメリカに住むぼくらプロテスタントの白人さ。そうでない連中は不運だよ」と言って憚《はばか》らない。そしてこのテキサス人は、黒人とユダヤ人とカトリック教徒に対する偏見を隠さない。

あるとき、彼の勤める会社がアトランティックシティーにおいて、各地の支店から代表を集めて会議を開いた。その会議にテキサス人も出席した。会議が終わり、宿泊するホテルへ行ったところ、社員同士の親睦をはかろうという社長の提案で、二人部屋が用意されていた。テキサス人は、ボストン支店からの男性と同室だった。このボストン人は感じが良く、若いながら物腰が落ち着いていた。また静かな話し方をし、口数が少なかった。そこでテキサス人は何か話の種はないかと考え、例の黒人とユダヤ人に対する持論を披露した（カトリック教徒への言及は避けた。というのも、ボストン人はアイルランド系の名前を持っていたので、カトリック教徒であろうとの予想がついたからだ）。しかし、ボストン人はただ、「ぼくはそんなふうには思いません」とだけ言い、そこで話を終わらせた。彼はテキサス人の意見には賛成できなかった。また、〝カトリックの連中〟という言葉が省かれていることが分かっていたのだ。

それから数カ月後、ボストン人は重要なポストに就いた。一方テキサス人は、販売地域をルイジアナ州南部にまで拡大しようという計画を抱いていた。この計画が実現すれば大きな利益が生まれ、それは直接彼の収入につながるはずだったし、今までの自分の販売実績から計画が承認されるだろうと楽観していた。そして計画案が委員会にかけられることになった。ところがその委員会のメンバーにはボストン人が入っていて、彼が計画に反対を唱えた。この計画の立案者は強い偏見の持ち主です、そのような人間に計画を進めさせることは会社にとって危険だと思われます。そして委員会は全員一致で否決した。

テキサス人には、計画案が通らなかった理由を知らされることはなかった。だから彼は、自分の偏狭な心が原因だったということを理解することはできず、その後もさまざまな不運を招くことになる。想像という光の照らない心には、偏見という木が育ち、やがて多くの苦い実をつけるのだ。

また人は、とかく〝グループ意識〟を持ちやすい。この意識を強く持つ人々は、グループのなかの人の気持ちを考えるばかりで、他のグループの人々の気持ちには思いが至らない。それと同時に優越感や敵意を抱きやすい。そして不運を生む。会社の経営側が労働組合側の気持ちになることができず、傲慢な態度を示すなら、ストライキによって会社は痛い打撃を蒙るだろう。

戦争というものも多くの場合、自分たちのグループの気持ちだけを思い、他のグループの人々の気持ちを思うことができないから起こってしまう。だから、戦争という不幸を生まないために私たちがなすべき一つの努めは、私たちがもっと賢く想像力を働かせ、敵と見なしている人々の気持ちを感じ、理解することである。日常のいざこざから戦争まで引き起こすグループ意識という呪縛《じゅばく》は、自ら解かなければならない。家、階級、人種、宗教、国家というものを想像力によって超えるのだ。

▼心を想像する

ダンテは、こんな言葉を残している。

それぞれがもっと人を思うなら
それぞれがもっと幸せになれる

これは人の世の美しい真理である。人の心を思うこと。そうすれば良いことが生まれる。ある短編小説作家はまだ新人だった頃、編集者にこう指摘された。「きみの小説は今ひとつなんだ。登場人物が生きていないのさ。たぶんきみが、登場人物の気持ちになりきって書いていないからじゃないかな」

彼はなるほどと思った。良い小説を書くには、登場人物の気持ちにならなければならない。そこで彼は一つの訓練をすることにした。それは、毎日、だれかを一人選んで、その人の表情や行動を観察しながら、その時々のその人の心の内を想像するというものだった。その人の気持ち、喜怒哀楽の情を感じるよう努めたのである。この訓練を積むとともに彼は、人間の心のこまやかな描写のできる作家に成長していった。そして何よりも良かったことに、この努力を通して人への理解を深め、人の気持ちを思いやることができるようになったそうである。

私たちは、人の心に無関心であってはならない。もっと、興味を持とう。今、あの人は、どんな気持ちなのかな、と。そしてその気持ちを想像し、ともに感じてみよう。人の心に——とりわけ遠く隔たりのある人の心に、自分の心を寄せようと努めるのだ。

崇高なものへの畏敬

▼秩序ある心

人生の日々を送るなかで、私たちは、崇高なものを畏れ敬う心を忘れてはならない。これは具体的に言えば、宇宙を畏《おそ》れること。それから尊い教えを信仰すること。あるいは哲学や高い思想に心から従うことである。それによって私たちは、自分という存在を知ることができる。人として進むべき道を進むことができる。そして、人生をより良く生きることができる。

今、この心が多くの人から消えている。なかには、宇宙を畏れることを、時代遅れだと考える人がいる。この科学の世の中でなぜ、昔の無知な人々のように宇宙を畏れるのか、と。しかしこのように考える人こそが時代遅れであり、無知蒙昧《もうまい》な人である。時代の先端をいった科学者たちは――アインシュタインもボーアもフェルミもエディントンもミリカンも、宇宙の神秘に触れ、宇宙を畏れた。また、信仰深い人をせせら笑い、哲学を、頭でっかちな奴らの暇つぶしのお遊びだと言う人は不幸である。尊い教えや哲学を通して知る人の道や生き方は、私たちの人生の心の拠り所となるものなのだから。

そして、崇高なものを畏敬する心には、秩序と勇気と謹みがもたらされる。〈**秩序ある心**〉〈**勇気ある心**〉〈**謹みある心**〉は、一等星の輝きのある心である。

私たちは、尊い教えや高い思想を学ぶなら、人が人として守るべき行動の決まり、つまり道徳を知ることができる。そして秩序ある心とは、その道徳に従って行動しようとする心である。

ここで、篤い信仰心の持ち主だったハーリー・S・トルーマン大統領の逸話を紹介する。一九四八年の秋、再選を目指す大統領選で彼は苦戦を強いられていた。共和党からはつわもののニューヨーク州知事トマス・E・デューイが立候補していた。民主党でも北部と南部でそれぞれ候補者を立てていた。世論調査ではデューイが断然優位に立っており、また困ったことに、大統領には選挙資金が集まらなかった。そのため、予定していたラジオ演説も行なえるかどうかあやしくなった。ラジオ局に支払うお金がなかったのである。

行きづまった状況を打開できないものかと、彼は主だった顧問を集めて意見を聞いた。しかし顧問らの口から出るのは悲観的な言葉ばかりだった。それらの言葉をじっと聞いていた彼は、重苦しい空気を少しでも変えようと、微笑を浮かべて言った。「だが、まだ望みはあるのではないか」

すると一人が言った。「しかし大統領、お金がなくては選挙は戦えません」

「そうだろうか？」と大統領は言った。「お金がなくとも、なんとかなるのではないだろうか」

そのとき、電話が鳴った。政治家に多額の献金をすることで知られる富豪からだった。大統領、ちょっと耳に挟んだのですが、ラジオ局に支払う二万ドルが至急お入り用だそうですね——私が寄付いたしましょう——そのかわり当選された暁には——富豪はこう言って、ある便宜をはかってほしいと頼んできた。その依頼に大統領は確固とした口調で答えた。「寄付をするかしないかはあなたで決めてください。私は取引きは一切しない」

この大統領の行動を知ったスタッフたちは、みな心を動かされ、そして諦めずに戦おうという士気が再び高まった。さらに次の日、大統領のもとに別の富豪から電話が入った。「大統領、あの男（見返りを求めた富豪のこと）にひと言おっしゃったそうですね。あなたのような方こそホワイトハウスに必要だ。さっそく二万ドルを送ります。それから友人らにもあなたへの寄付を呼びかけています——もちろん無条件で」

こうして資金も集まりだし、大統領陣営は勢いを盛り返し、大統領もさらなる闘志を見せて市民を惹きつけた。そして彼は、アメリカ大統領選史上に残る大逆転劇を演じることになる。

大統領は、道徳的な行動の決まりを知っていた。そしてその決まりに従ったから、人の心を動かし、それが幸運へとつながったのだ。この決まりを知らないと、私たちは当然、誤った行動に出てしまうことになる。ニューヨーク郊外の町に住むある女性は、精神的あるいは知的な物事にまるで興味がなく、関心を向けるのは生活の物質的な面ばかりで、そうしてただ漫然と日を過ごすことで人生に満足している主婦の一人だった。ある日、ニューヨークへショッピングに行くため電車に乗った。席に座ると、隣が女性だったので、少し言葉を交わした。するとその女性が同じ町に住んでいること、同じデパートへ行くことが分かり、それからぺちゃくちゃと話を始めた。

ひとしきり話に花を咲かせてから、主婦はちょっと席を外した。ハンドバッグはそこに置いたままだった。そして戻って来て、バッグを開けたところ、朝、夫からもらった二十ドル札がなくなっている。主婦はすぐに隣の女性を疑った。それでなんとか女性のバッグを探れないだろうかと思っていたら、都合良く女性がバッグを置いて席を外した。そこでバッグを開けて中をみると、果たして二十ドル札が入っていた。主婦はまあいやだと憤慨し、その隅っこに押し込んであったお札を抜き取った。ほどなく戻ってきた女性は、そこにある険悪な空気を感じ取り、友達と待ち合わせがあるからと言って去っていった。

夕方、主婦が家に戻ると、夫が、テーブルの上に二十ドル札を置きっぱなしだぞ、と言った。見ると確かにお札があった。ここで主婦は、二十ドル札を忘れて出かけていたことに気づいた。思わず身震いした。女性のバッグから抜き取ったお金は、自分のものではなかったのである。つまり主婦は、お金を盗んだことになるのだった。主婦の心には、このことが町の人に知れるのではないかという恐怖が起こり、その恐怖はいつまでも消えることはなかった。

彼女は、女性を疑う前にまず、どこかで落としたのかもしれない、家に忘れてきたのかもしれない、と考えるべきだったのだ。そして女性を疑ったとしても、バッグを開けてはならなかった。そして例えば、女性が戻ってきたら、お金が無くなっているの、おかしいわ——とそれとなく言ってみて、女性の表情や態度から、真実を探るべきだったのだ。彼女の心に秩序があったなら、こうした行動をとることができたはずである。

▼勇気ある心

崇高なものを畏れ敬う人には勇気がある。クロムウェルは、配下の鉄騎兵には〝神への畏れを抱く者〟を選んだという。神を畏れる者は、チャールズ二世の騎兵隊を恐れなかったからだ。また、尊い教えや思想に従おうとする気高い精神のもと、独裁者の弾圧に抵抗し、いやらしい政治を批判した人々がいる。あるいは、民衆を煽動する政治家に挑み、危険を覚悟で真実を口にし、その政治家に煽られる民衆に対してよく考えるんだと呼びかけた勇気ある人もいた。

これから紹介するポーランドの貴族の娘は、深い信仰に基づく勇気の持ち主だった。第二次世界大戦が始まった一九三九年、ドイツ軍はポーランドに侵攻した。そのため娘は祖国を逃れてイギリスへ渡った。娘は英語とフランス語に堪能だったため、イギリス政府に受け入れられ、スパイとして養成された。そして二年後、フランシス・カマーツ中佐らとともに、ドイツ占領下の南フランスに潜入した。ドイツ軍に抵抗するフランス地下運動組織を支援するためだった。

カマーツ中佐は、この地下組織で活躍した伝説的人物である。その中佐が、一九四四年のある日の夜、二人の将校とともに自転車で森を抜けていたところ、ドイツ軍の巡視隊に止められた。三人は、農夫の身分証明書を持ち、その身なりをして農夫になりすましていた。また三人は土地の言葉をしゃべった。しかし状況が不自然であったため、ドイツ兵らは怪しんで三人を捕え、ディグネの町の牢に入れた。そして町の占領軍司令官は、その三人はマキ（地下組織の名）に違いないと判断し、翌八月十六日の夕刻、銃殺するよう命令を下した。

このことを知った娘は、三人を救い出さなければならないと思った。三人の命を助けなければならない。そして考えた。今、フランス北部から連合軍が進攻している、だからドイツ兵らの心には不安があるはずだ、もしディグネが連合軍によって解放されるなら、彼らは囚われるのだから。その不安な心理を利用できないだろうか？

そして一つの作戦を考え出した。娘はまず、協力者を装いドイツ軍に潜り込んでいるディグネのフランス人から、占領軍司令官に関するあらゆる情報——出身地、住所、妻の名、子どもの数等々を聞き出した。そして次の日、ドイツ軍営の司令官室へ乗り込んだ。そして自分がイギリスのスパイであることを告げた。さらに、驚く司令官に対し、凛《りん》とした態度で、私はイギリス陸軍元帥モンゴメリの姪です、と名乗った——こちらは、真っ赤な嘘である。娘のねらいは司令官の心に揺さぶりをかけることだった。

娘は続けた。「捕えられている三人はイギリス軍の重要人物です——それは元帥の姪である私がこうして動いていることからもお分かりでしょう。だからもしも彼らが殺されるなら、ここディグネを集中攻撃するとロンドンから無線で伝えてきました。そして司令官、あなたもただでは済みませんよ。軍はもうすでにあなたのことを調べ上げています」

ここで娘は司令官に関して知っている事をすべて並べ上げた。これには司令官も動揺の色を隠せなかった。そして娘はこう言い切った。「北からの連合軍はもうそこまで来ています。やがて南からも別の部隊が攻めてきます。そしてここディグネは陥落し、あなたは戦犯として裁きにかけられます。また報復はあなたの家族にまで及ぶでしょう」——これもまた、娘の作り話である。

司令官は迷った。娘の言う事は本当なのかもしれないと思った。しかし、連合軍がそこまで迫ってきているというのは、にわかには信じられない話でもあった。それに三人の男を逃がせば、自国の軍から罰せられるおそれがあった。こちらも身の危険はあるのだった。司令官はそれからしばらく悩み考えたが、結局部下に娘を拘束するよう命じた。

もうこれまでだ——と娘が思ったそのとき、司令官のもとに無線連絡が届いた。なんとそれは、たった今アメリカ軍がフランス南部の海岸に上陸したと伝えるものだった。そして時を置かず、アメリカ軍戦闘機が編隊を組んで、轟音とともに町の上空を飛んでいった。娘の話は真実だ——司令官は確信した——しかし、娘は上陸作戦のことなど知らなかったのであり、これはまったくの偶然の出来事だった。
そこで司令官は取引きした——三人は解放しよう、そのかわり、私の身の安全を保障してほしい——これに娘が応じたため、司令官は鍵を手にして牢へ行き、牢の中のカマーツ中佐に向かい、捕虜となることを申し出た。銃殺まであと一時間と迫ったときのことだった。娘は車を用意して待機していた。そしてやがてやって来た四人の男とともにそこから走り去った。

謹みある心

自分を、宇宙の中の一つの存在として考えるとき、私は、自分というものがなんとちっぽけな存在なのだろうと思わずにはいられない。この思いを、いつも心に留めていたい。なぜなら、この思いを留めていれば私たちは、人生のさまざまな物事を謙虚に受け入れることができるからだ。大きな宇宙の中の小さな存在として、〈謹みある心〉で人生を送ることができるからだ。

ある名門大学の若い教授は、魅力ある人柄の、将来有望な科学者だった。ある日、若手の教授らとパーティーを開いた。賑やかに飲み、やがて夜は更け、パーティーは終わった。教授は家へ帰るためキャンパスを横切り、女子寮の前へ出た。ふと見ると、一つの部屋に明々と電気がついている。カーテンは引かれておらず、なかで二人の女子学生が着替えをしているところがちらりと見えた。ほろ酔い機嫌の教授はついふらふらと窓の下へ行き、覗いた――ちょうど、男子学生のノリである。

そこへ、折も折、警備員が見回りでやって来た。そして教授は覗きの現行犯で捕えられてしまった。それから教授が受けた罰は、その罪からすると少々気の毒と思われるものだった。大学を免職となり、そして話はマスコミに漏れて、新聞などに破廉恥教授と派手に取りあげられた。ある教授は、まあ、科学者としては彼はもうお仕舞いでしょう、とまじめくさった顔で予言した。

しかし彼は科学者として、宇宙を畏敬していた。そして自分がその宇宙の中の小さな存在であることを知っていた。そういう謙みある心を持っていた彼は、愚かな行為の言い訳をすることもなく、きちんと謝罪し、また、世を恨んだりすることもなく、起きたことすべてを謙虚に受け止めた。その後、よその町へ移った。その町には、知り合いが学長を務める大学があった。彼はその学長を訪ね、事の顛末をすべて正直に話し、そしてこの大学で研究員から出直し、また科学者としての道を歩みたいとの思いを伝えた。学長はその思いを受け入れた。こうして彼は再出発した。最初は、彼と一緒に研究することに抵抗を感じる者もいたが、時とともに、人々の事件の記憶は消えてゆき、また、彼の能力は正当に評価されるようになった。そしてやがて再び教授に昇任し、後には尊敬を受ける権威ある科学者となった。

▼嫉妬という感情

人間の不安定な感情の一つに、嫉妬がある。私たちは、日々の生活のなかでしばしば嫉妬する。これは人間の悲しき性《さが》であり、人の成功、とりわけライバルの成功を素直に喜ぶことは難しい。ある劇作家は、他の作家の作品がヒットすると、そのたびに嫉妬で狂いそうになるよ、と本心を漏らしたが、誰の心の内でも程度の差はあれ、嫉妬は渦巻くものである。しかし嫉妬は、謹みある心があれば制御することができる。謹みある心を持つ人は、胸中に嫉妬が起こっても直ちにそれを抑え、そして、人の成功を成功として認めて、さらにそこから自分もやってやろうという健康的で前向きな気持ちになることができる。

探検家のアムンゼンは、一九〇九年、アメリカ海軍将官ピアリーが北極点に到達したというニュースを聞いたとき、「それならば私は南極点を目指してやろう」と思った。そして一九一一年、世界初の南極点到達者となった。

しかし人の人生への嫉妬が制御されることなく、心の内にわだかまると危険である。そのわだかまった嫉妬は、浅はかな行動へと私たちを駆り立てる。その例証としてあるビジネスマンの話を挙げる。若手ながら役職にあり、出世街道を進んでいた彼はある日、同僚の一人が、自分よりも上の地位に昇進することを知った。彼は嫉妬し、そして、噂で耳にしていたそのライバルのちょっとした不行状を思い出した。そこで彼はわざと仕事の用事を作って社長のもとへ行き、話のなかでそれとなく、ライバルのよからぬ噂を口にした。社長は黙って聞いていた。それから考えた結果、昇進を取り消すことにした。そして同時に、この告げ口をした嫉妬深い男の昇進（この事実を本人は知らなかった）もまた、取り消しとすることに決めた。社長はその理由を重役会議で語った。あの男は「共に働く仲間を蹴落とそうとした」

人の不運を願う嫉妬心は、惨めだ。その心は、バートランド・ラッセルが言うように「己の持つものから喜びを得ず、人の持つものから苦しみを得る」のである。また不必要な対抗意識を起こして、自分を誇示しようともする。自分の成功をひけらかし、持っているものを見せびらかし、相手の顔に浮かぶ嫉妬の色を見て、いっときの優越感に浸る。「嫉妬する心はまるで、熱い鉄のようだ」と、かつてチョーサーは言った。私たちはその心に駆られるままにチャンスに反応することのないよう、謹み深くありたいものだ。そして、嫉妬心とはなんと卑小な心なのだろう、自分はなんと些細なことに拘っていたのだろうと思えるようになりたいものである。

▼畏敬する心

秩序と勇気と謹みのある心には輝きがある。その輝きを、なくさないように。だから、時々一人になり、丘の上に座って、またはお気に入りの椅子に身を沈めて、心の内にある一切の不安や憎しみを消し、宇宙について、そしてそこに存在する自分について、思いを巡らしてみよう。また、長い苦難と試練を乗り越えた人々の書物を読み、その人々の到達した哲学に触れてみよう。そこには人生の教えがぎゅっと詰まっているはずだ。人生の経験が豊かですてきな生き方をしている人と話をしてみるのも良いだろう。そして自己という小さな世界から視野を広げ、心をひとまわり大きくしよう。

エネルギーのある心と想像力と畏敬する心。これがチャンスに上手に反応するための大切な資質である。また私たちは、チャンスを引き寄せる資質とチャンスを認識する資質、それに、不運につながる不安定な心についても学んだ。そしてこれらの資質を開発し、また、不安定な心を制御することで、潜在運を強くしながら幸運を生み出してゆけることも学んだ。

さあ、幸運への扉ははっきりと見えてきた。そして最後に私たちに必要となるのは、幸運の人となるための意志である。

おわりに

▼幸運の人となる意志

私たちは時々、ちょっと嫉妬まじりに、誰だれさんは幸運だ、と言う。でも私たちは、その誰だれさんの幸運をいつまでも指をくわえて見ていてはいけない。私たちも、チャンスとハーモニーを奏でながら幸運を生み出してゆこう。意志を持って。

この意志を強く持つこと。そして建設的に自分を改革してゆく。〈幸運の人となる意志〉は、私たちの内なる改革における肝心要の心である。なぜなら、よし幸運の人となろうと決めたとしても、意志がなければ行動を起こすことも、努力することもできないからだ。それは新年の決意を考えてみればよく分かるだろう。この決意は一日で、いや、ほんの一時間で消えてなくなることもある。実行の伴わない決意に終わる。願うことが行動の素だという言葉はあるが、そこに意志がなければ、願いを行動に移してゆくことはできないのである。

また、自分を改革してゆく際は、生活の習慣を改めなければならないことが多々ある。しかし習慣というのは、特にそれが染みついてしまったものだと、変えるのは容易ではない。例えばある人が、私には生きた心が足りないな、と思ったとする。そしてこう決意する。「今から、私は生きた心を持とう」。そして毎日、夜は読書をすることにした。ところがその人は、夜はテレビを見て過ごすことが長年の習慣になっていた。だから読書をしようと決めたものの、ついついテレビを見てしまう。そこで意志が必要になる。意志を持って、その人生に消極的な習慣を改めなければならないのだ。

あるビジネスマンは、会社の役職にあり、そのため午後は会議に出ることが多かった。ところが彼は無類の甘いもの好きで、ランチでも必ずデザートをたっぷり食べる。だからいきおい会議中に眠くなる。そして注意力が低下する。胃がデザートの消化活動を活発に行なっているものだから、どうしても脳の方は働きが鈍ってしまうのだ。時折、うつらうつらしてしまうことさえある。幹部らはその度に眉をひそめ、彼に厳しく注意した。実は彼は、自分がデザートを食べ過ぎること、それが原因で眠くなり、注意力が散漫になることが分かっていた。だから時々、ランチのデザートは控えよう、と心に誓うこともあった。さらに、ちょっと太りすぎだからこの際ダイエットもしよう、そしてすっきり痩せたら体型維持に努めよう、とたいへん殊勝な決意まですることもあった。ところがいざ食事の時間になると、その決意はどこへやら、いつもどおり思う存分デザートを食べてしまうのだった。

彼には習慣を打破する意志が欠けているのだ。ちなみにこの習慣を打破する最も良い方法は、メインの食事が済んだら直ちに席を立ち、その場を離れることである。そんなことならカンタンだ、とお思いかもしれない。しかしこの極めて単純な行動でも、ちょっとやそっとの心ぐみでは起こせないのだ。だから意志を持つ。そして立つ。そしてこれを何週間か続ける。そうすればやがてデザート無しのランチが習慣となるはずである。これで男性も自然と注意力が開発できるだろう。さらに男性が意志を持ってダイエットできるなら、それは健康に良く、人生を通じたより良い幸運へとつながるだろう。

不安定な心を制御する際も、不安定な心の命令は受けまいと決意し、意志を持って行動を起こすこと。ある男性は、エゴの強い、自慢したがる性格を直したいと思った。彼はそれまで、何かにつけて自分のことをひけらかしていたのだが、それを人は快く思っていないことに気づいたのだ。だから、自慢することをやめようと決意した。そう決意してからすぐのこと、知人と会った。ちょうど仕事で良いことがあったときだったので、自慢したくなったのだが、ぐっと我慢した。こうして順調に滑り出した彼は、さらに積極的に自分を変えてゆこうと思い、人と話をするときは自分から、相手への興味を示す質問をすることに決めた。「聞いてくれよ！また給料が上がったんだ！」と、かつかつの暮らしを送る薄給の友に言うかわりに、例えばこんなたわいないことでもいい――「君はいつも健康だね。その健康の秘訣はなんだい？」とか、「休日はどこへ行ったの？」と。そして彼はエゴの衝動に克《か》つたびに、自慢することが、くだらない無価値なことに思えるようになったそうである。彼には、行動を起こしてゆく意志があった。だから、一つの不安定な心を上手に制御することができるようになり、一つ潜在運を強めることができたのである。

▼幸運の人となるために

最後にもう一つだけ、申し上げておきたい。それは、改革には、一つずつ取り組んでいっていただきたいということだ。もし私たちが、内向的で、自信がなく、広い心を持たず、エゴイストで、嫉妬深いとする。おまけに慢性の消化不良に悩み、畏敬する心を冷笑し、妻への思いやりが足りないとする。もちろん、これらの面はすべて改革することが望ましい。しかしすべてをいちどきにやろうとすると、中途半端で無意味な行動の渦に巻き込まれるだけである。

まずは一つの改革から。そしてそれだけで運はぐんと良くなるだろう。不安定な心がいくつかあるなら、まずはそのうちの一つを制御できるようになろうと努力する。また幸運を生む大切な資質――チャンスを引き寄せるための生きた心と広い心、チャンスを認識するための注意力、自己認識力、判断力、自尊心、直感力、そしてチャンスに上手に反応するためのエネルギーのある心（冷静な心、自信を持つ心、決然とした心）、想像力、そして畏敬する心と、それから生まれる秩序と勇気と謹みのある心――の開発にあたっても、まずは自分にとって開発しやすそうなものを選んで、その一つに努力を集中すること。なにも聖人君子になろうと努めることはない。一つずつでいい。そしてその一つを決め、自己を改革すべく帽子をかぶったとき、電話の受話器を取りあげたとき、手紙の筆を執ったとき――そのとき、私たちは幸運への扉を開いたことになる。

扉は、えいと思いきり開こう。この最初の一瞬に力強くあること。そうして、心の変化が始まったことを実感しよう。そして潜在運を強くしながら幸運を生み出してゆこう。チャンスとともに。そして、こうして今みなさんが本書を手にしていることも一つのチャンスであることを、お忘れなく。

それでは――GOOD《グッド》 LUCK《ラック》!

◉著者について

A・H・Z・カー ALBERT H. ZOLATKOFF CARR

アメリカの思想家、政治経済学者。1902年シカゴ生まれ。シカゴ大学、コロンビア大学で学び、ロンドン大学で経済学博士号を取得。第2次世界大戦中に請われて政府機関に参加し、F・ルーズベルト大統領の経済顧問やトルーマン大統領の特別顧問を務める。かたわら専門分野の内外で知的で良質な著書を発表、とりわけ自己啓発書として1952年に刊行された本書は圧倒的多数の読者を獲得する。また晩年はミステリー小説も手掛け、69歳にしてアメリカ探偵作家クラブ（MWA）賞新人賞を受賞した。1971年逝去。著者没後も本書は多くの読者に読みつがれ、驚異的なロングセラーとなっている。

◉訳者について

松尾恭子 KYOKO MATSUO

1973年熊本県生まれ。フェリス女学院大学文学部国文学科卒。

「幸運《こううん》の人《ひと》」になる技術《ぎじゅつ》

◉著者
A・H・Z・カー

◉訳者
松尾恭子《まつおきょうこ》

◉発行日
初版第1刷　2003年 10月30日

◉発行者
田中亮介

◉発行所
株式会社 成甲書房

郵便番号101-0051
東京都千代田区神田神保町1-42
振替00160-9-85784
電話 03(3295)1687
E-MAIL mail@seikoshobo.co.jp
URL http://www.seikoshobo.co.jp

◉印刷・製本
株式会社シナノ

Printed in Japan, 2003
ISBN4-88086-155-3